노년기 사회적 지지와
정신건강

노년기 사회적 지지와 정신건강

김윤정 지음

서 문

노년기 사회적 지지와 관련된 수많은 책들을 읽으면서 고민했던 시간들이 바로 엊그제 같은데 벌써 10년이라는 시간이 지나갔다. 그 이후로도 오랜 시간 사회적 지지에 관한 연구들을 쓰면서 노년기 사회적 지지의 중요성은 알렸지만 사회적 지지의 개념이나 측정방법이 통일되어 있지 못해 아쉬움이 커서 이 책을 쓰기 시작했다.

노년기 사회적 지지와 정신건강은 사회적 지지에 초점을 두고 사회적 지지가 노년기 정신건강에서 어떤 역할을 하는가에 초점을 두어서 정리했다. 대학원 시절부터 교수가 된 이후까지 사회적 지지에 관해서 공부했던 모든 내용들을 정리했다고 볼 수 있다. 특히 본 책에서는 사회적 지지의 개념에서 부정적인 사회적 관계의 역할을 부각시키고자 하였다. 요즈음 노인 학대라든지 노인 자살과 관련하여서도 주변 대인관계망에서 제공받는 부정적인 지지, 부정적인 사회적 서비스가 한몫을 하고 있으며, 사회적 지지가 상호 호혜적이지 않을 때 사회적 지지를 제공받는 노인의 삶이 그리 녹록지 않기 때문이다. 또한 사회적 지지의 근간이 되는 다양한 이론들을 소개해보고자 하였다. 사회적 지지의 개념이 교환론, 귀인이론, 애착이론 등과 관련이 있음이 알려져 있긴 하지만 이에 대해 세세한 설명을 한 책을 아직까지 찾아보지 못해서 연구하고 공부하면서 답답한 점이 있었고, 이러한 목마름이 있는 후학들에게 도움이 되었으면 하는 작은 소망을 가진다.

　이 책의 근간은 나의 박사학위논문이다. 따라서 내 지도교수님이신 이화여대 최혜경 선생님께 무한한 감사의 말씀과 애정을 전하고 싶다. 사회적 지지의 개념에 대해서 고민을 할 때마다 항상 미소로 큰 힘이 되어 주셨던 선생님이 내게 계시지 않았더라면 감히 이 책을 이 세상에 내어 놓지 못했을 것이기 때문이다.

　마지막으로 나의 사랑하는 가족들의 지지에 감사하며...

2008년 1월

김윤정 씀

Ⅶ 노년기 사회적 지지와 정신건강간의 관계에 대한 실증연구2 - 115

노인이 제공받는 사회적 지지의 효과성 분석

I

머리말

한국사회는 2007년 현재 전체 인구 중 65세 이상 노인의 인구가 9%가 넘는 고령화 사회이다. 또한 2018년에는 14%를 넘어 고령사회(aged society)가 될 것으로 전망하고 있다(보건복지부 통계 DB, 2007). 인구의 고령화와 관련하여 각계의 지도자들은 다양한 예측을 하고 있다. 긍정적인 측면에서는 건강한 노인의 증가로 이들 노인의 삶의 질을 향상시키기 위한 교육, 사회활동, 자원봉사, 재취업 등에 관심을 가져야 한다고 주장하고 있다. 부정적인 측면에서는 수명의 증가는 필연적으로 기능취약, 중풍, 치매 등 만성질병의 유병률을 증가시키며 장기적 지원을 필요로 하는 노인이 증가하기 때문에 이들 노인에 대한 부양과 사회적 지원에 적극적인 관심을 기울여야 한다고 주장하고 있다. 본 연구에서는 두 번째의 노인에 대한 사회적 지지에 관심을 두고 있다.

한편, 노인은 노화현상에 따른 신체 및 정신적 기능의 저하, 신체적 질병과 죽음에 대한 위협, 배우자, 친구 등 친근한 대상의 상실, 자녀의 독립, 사회적, 직업적 역할의 상실, 가족이나 사회로부터의 소외, 경제적 능력의 상실 등으로 인하여 빈곤, 고독감, 소외감, 열등감, 무력감, 의존성이 생겨 정신건강에 위협을 받는다. 게다가 노년기는 안정, 승인, 지식, 애정, 생존욕구 등과 같은 기본적인 신체적 욕구와 사회 심리적 욕구가 더 강하게 느껴지는 시기이다. 따라서 신체적, 정신적, 사회적 노화로 인한 여러 역할 및 기능의 상실, 노인에 대한 부정적인 태도와 무관심 등으로 인한 욕구충족의 어려움은 노인 정신건강 문제의 심각성을 더해 준다(Barrefoot, 1993; Krause, 1990; Newman & Struyk, 1990).

특히 우리나라는 과거에는 유교사상을 숭배하면서 연장자의 지혜와 축적된 경험이 젊은 세대에게 커다란 도움이 되어 노인들은 높은 사회적 지위를 유지하였다. 그러나 산업화 이후 과거의 도덕적 가치관이 무너지면서 노인들은 과거에 지녔던 권위와 우월한 지위를 잃게 되었고, 능력위주의 사회구조로 인하여 노인 경시, 차별은 물론 노인에 대한 부정적인 시각이 만연하게 되었다. 또한 사회구조의 변화는 가족구조를 확대가족에서 핵가족으로 변화시켜 가족 내에서의 중심적인 위치를 상실케 하여(조맹재, 배재남, 1994) 노인 자신에 대한 부정적인 정서를 갖게 하여 노년기 정신건강이 위협받고 있다.

노인의 정신건강에 있어 가족원에 의한 사회적 지지는 상당히 중요한 의미를 지닌다. 2005년 생산가능인구 약 8명당 노인 1명, 2020년에는 4.6명당 노인 1명, 2050년에는 1.4명당 노인 1명을 부양하게 됨으로써(통계청 2005) 부양부담이 증가하고 있다. 노인부양에 대한 사회적 제도가 비교적 잘 정비된 서구사회의 경우에도 지난 20여 년 동안 공적 부양(formal service)과 사적 부양(informal support) 중 어느 쪽이 노인부양의 비용 면에서 좀 더 효율적인가에 대한 논란을 계속하고 있으나, 어떠한 학자나 정책가들도 노인부양에서 가족의 중요성은 부정하지 못하고 있다(Greene, Ondrich, Laditka, 1998). 미국의 경우 65세 이상 노인의 약 ⅔에서 ¾ 정도가 전적으로 사적 부양에 의

존하고 있으며, 약 ¼ 정도는 사적 부양서비스와 공적 부양서비스를 겸해서 이용하고 있을 정도로 사적 부양체계를 일차적으로 이용하고 있다(Garner, 1995; Evashwick, 1996). 한국의 경우도 노인성 질환으로 장기간의 보호가 필요한 노인은 전체 노인의 14.8% 정도인데, 이들 노인의 과반수가 가족에 의한 부양서비스를 받고 있다(공적요양보장제도 실행위원회, 2005).

따라서 '가족'은 노인들을 위한 중요한 장기적인 지지체계로서, 만성적인 질병을 앓는 경우에는 사회시설에 의존하기보다는 배우자나 자녀로부터의 지지에 의존하는 경향이 뚜렷하다. 특히 우리의 경우 효사상과 가족주의 가치관이 중요한 부양가치관으로 자리 잡고 있으며, 아직까지 노부모에 대한 기혼 자녀의 부양의식은 높게 나타나고 있다. 또한 노인인구가 급속히 증가하고 있음에도 불구하고 취약한 노인인구에 대한 국가적, 사회적 부양의 체계는 외형적 경제성장이나 해당인구의 절대적 팽창에 맞는 발전을 전혀 이루어 내지 못한 상태에 있다(최혜경, 문숙재, 정순희, 조진명, 김은경, 1999). 소자녀화에 따른 가족원 수의 감소와 핵가족화 및 이혼율의 증가와 같은 가족의 구조적인 변화와 더불어, 가족규범이나 가족이데올로기의 변화로 인해 노인부양체계로서 가족의 의지가 점차 약화되고 있는 것으로 보여 이러한 변화가 노인부양체계로서 가족 기능의 저하를 의미하는 것이 아닌가 하는 우려를 낳고 있으나(한경혜, 1998), 가족부양을 우선하는 부양가치관과 사회적 부양체계가 미비한 상황을 고려하면 앞으로도 노인부양에서 가족의 역할이 중요할 것으로 보인다.

이렇듯 노인부양에서 가족의 역할이 중요하기 때문에 기존의 노인부양연구들은 주로 부양이 부양자에게 미치는 영향에 초점을 맞추어 연구해 왔으며, 노인부양이 부양자에게 상당한 스트레스가 된다는 결과를 지속적으로 보고하고 있다. 이에 따라 가족이 부양체계로서의 제 기능을 할 수 있도록 하는 여러 가지 제안들도 주로 가족부양자를 위한 것들이다. 노인부양연구에서는 부양자의 부양스트레스를 완화시킬 수 있는 대처전략들이나 프로그램 개발에 대한 연구가 활발하고, 사회나 국가적 차원에서는 부양가족에 대한 세금혜택이나 가정봉사원 제도와 같이 '부양자를 지원하는(support to supporter)' 정책에 관심을 두고 있다. 그러나 노인부양의 수혜자인 노인의 삶을 이해하기 위해 취약노인들에게 어떠한 서비스가 제공되어야 하며, 이것이 노인에게 영향 미치는 방식에 관한 구체적인 연구는 드물다. 즉, 노인부양연구와 노인부양을 위한 여러 제안들에서 노인은 제외되어 있다. 단지, 우리나라의 노인들이 가족부양을 선호하며, 또한 가족원이 보내는 지지가 노인의 정신건강에 긍정적인 효과가 있을 것이라고 추론하고 있을 뿐이다.

따라서 본 책에서는 노인이 가족원으로부터 제공받는 다양한 사회적 지지가 노년기 정신건강에 영향 미치는 메커니즘을 밝혀보고자 한다. 이를 위해서 사회적 지지의 개념, 사회적 지지의 효과, 사회적 지지의 근간이 되는 이론들을 고찰하고, 사회적 지지의 관점에서 노년기의 가족관계와 사회적 관계 간의 관계를 살펴본 실증연구를 소개하고자 한다.

노년기의 정신건강

정신건강에 대한 개념은 사회·문화적 변화에 따라 유동
적이고 가치판단의 문제이기 때문에 명확한 정의를 내리기가 어렵다
(고성희, 1990).

Tropalis와 Augilera(1978)는 정신건강이란 자신에 대해 현실적으로
판단하고, 자신의 강점과 약점을 있는 그대로 받아들이며 타인에게
성실히 관심을 가질 수 있고 외부의 가치보다는 내부의 가치에 의해
보다 지향되며 그 과정에 있어서 타인에게 피해를 주지 않으면서도
자신을 돌볼 수 있고, 성격의 부조화를 이루지 않고도 스트레스와
좌절을 이겨낼 수 있는 상태라고 하였다. Carroll(1969)은 자기와 타
인을 존중할 수 있는 능력, 자신의 한계에 대한 이해와 수용, 모든
행동에 대한 원인 이해, 자아실현에 대한 욕구의 이해라고 지적함으
로써 자기와 타인에 대한 공존성의 입장에서 설명하였다(최미숙,
1993). 이렇듯 정신건강의 개념에 자아의 기능에 강조가 주어지고
그것을 중심으로 내용이 구성되어 있는 것으로 보인다. 이에 더 나
아가 환경에의 적응을 강조하는 개념들도 있다. 정신건강은 자기 자
신에 대한 현실적인 판단, 자아실현을 이루기 위해 노력하는 상태,
자기 존중과 타인 존중으로 건전한 인간관계를 형성하고, 유지하는

능력, 변화하는 외부환경에 적응하는 능력(주정홍, 1998)을 의미하기
도 하며, 자신의 욕구를 사회적으로 용납되는 방식으로 충족시키며
환경을 극복하고 적응해 나가는 능력으로 정의 내려지기도 한다(김
윤희, 1993).

이와 같이 정의 내려지는 정신건강은 정신질환의 유무를 지칭하기
위한 정신병리학적인 개념에서 출발하였다. 그러나 최근에는 긍정적
인 측면에서 자아의 기능이나 환경에의 적응, 개인의 심리적 복지
(well-being)도 중시하는 경향으로 발전되고 있다(고성희, 1990). 즉
노인들은 노화현상에 따른 신체적 정신적 기능의 저하와 더불어, 친
한 사람들의 죽음, 역할의 상실 등의 여러 이유로 정신건강에 문제
가 발생할 확률이 높으며, 이들 노인들의 정신건강은 부정적 차원의
우울감과 긍정적 차원의 복지감으로 나누어 살펴보겠다.

1. 노년기 우울[1]

사람은 누구나 다양한 삶을 경험하게 되며 그 과정에서 여러 가
지 우울 감정을 경험하게 된다. 어느 정도의 두려움, 슬픔, 분노, 놀
라움, 즐거움을 경험하나, 이러한 정서상태가 비정상적이고 부적응상
태일 때 나타나는 현상이 우울이라고 본다. 즉, 우울은 활동수준을
저하시키고, 비판적인 생각을 팽배하게 하여 결국에는 자아존중감을

---

[1] 배상희(2007)의 연구 중 일부분을 수정 보완함.

낮게 해서, 자신이 처한 현재와 미래의 상황을 어둡게 보는 특성(정인숙, 2002)이 있어, 이로 인해 삶의 만족이 낮아지기 때문에 단순하게 간과할 문제는 아니다.

이러한 우울은 매우 복잡하고 파악하기 어려운 감정이므로 이를 쉽고 간단하게 정의하는 것은 매우 어려워 여러 기관과 학자들이 나름대로 정의를 내려왔다. 미국 정신질환 협회에서 제정한 정신질환 분류 DSM-Ⅳ에 의하면, 우울은 정서장애의 하나로 죽음을 생각하거나, 죽고 싶은 욕망, 무력감, 죄의식, 사고와 집중력 감퇴, 피로감, 식욕감퇴와 체중감소, 성욕감퇴, 수면장애, 정신운동의 변화 중 4가지의 증상이 2주간 지속될 때 우울이라고 정의하고 있다. 미국의 전국 사회사업가협회(NASW)에서 간행한 사회사업사전에서는 우울을 슬픔, 자포자기, 절망, 미래에 대한 비관, 활동·생산성의 저하, 수면장애나 심한 피곤, 부적절감, 자기혐오감, 절망감의 특징을 가지는 일단의 감정적 반응으로 정의하고 있다. 또한 Ross(2000)는 우울을 생리적 질병을 수반하는 부정적 감정으로 정의하면서 우울은 쇠약하고 피곤하고 슬프고 희망이 없다고 느끼는 것을 가리킨다고 하였다. 또한 Vogel(1982)은 우울이란 정상적인 기분변화로부터 병적인 상태까지의 연속선상에 있으며 근심, 침울함, 무력감 및 무가치감을 나타내는 기분장애라고 정의 내리고 있다.

우리나라 사회복지협의회(1993)에서 발간한 사전에서는 우울을 의기 상실한 기분으로 정신운동 저하, 불면증, 체중감소를 수반한 정신적 증후군으로 보고 있으며, 이시형(1996)은 우울을 우울한 기분이 지속되거나 만사에 흥미를 잃은 상태로 보고 있고, 강희숙, 김근조(2000)는 우울을 개인이 신체적·사회적·환경적 요인에 의해 근심, 침울함, 무력감 및 무가치감 등을 나타내는 기분상태로 정의하고 있다. 또한 안향림, 박정근(2002)은 우울을 슬픈 느낌의 정동이라고 정의하였고, 우울은 일상생활에서 발생하는 스트레스에서나 특이한 생애사건에서 비롯되어 불안이나 갈등과 더불어 흔히 나타나는 부정적 정서상태(송미순, 1990)라고 하였다. 또한 우울은 정서장애로 분류되며 여러 증상, 유전적 취약성, 환경적 촉진인자, 치료에 대한 반응 등으로 분류되며 질병 스펙트럼을 포함하는 증후군인데 정상적인 기분변화로부터 병적인 기분상태까지 다양한 종류가 있다. 또한 침울, 무력감 및 무가치감을 나타내는 기분장애를 포함하고 있다(송미숙 등, 1997).

이러한 우울은 다른 연령집단에 비해 노년기에 보다 보편적으로 경험하는 정서상태로, 노년기의 우울 증상은 자존심의 젊은 층과는 달리 죄악감, 공격적 적개심이 자기 자신으로 내향된 경우라기보다는 상실에 영향을 주는 신체적 질환, 사회로부터의 감정적 고립, 가족이나 친구의 사별, 경제적인 문제 또는 직장에서의 은퇴, 교육 정도 그리고 성격적인 문제에서 기인한다(Gerner, 1989). 즉 주변상황에 의해 영향을 받는 노년기는 우울로 인해 식욕을 잃고, 잠자는 데 어려움을 겪고, 활력을 잃고, 슬픔·낙담·무력감의 증상을 경험한다(Koenig & Blazer, 1996).

강귀정(2004)의 연구에서는 노년기 우울 증상은 "자신의 과거는 잘못되었다"든가 "주위 사람들에게 죄를 지었다"는 등의 우울증적 망상을 쉽게 갖는 중증에서부터 경미한 사항까지 여러 가지 특성이 있다. 그러므로 본인조차 자신이 우울증에 걸린 사실을 자각할 수 없을 뿐만 아니라 가족이나 친구 등 주위의 사람들도 '기운이 없는 것은 나이 탓이다, 노화가 진행된 것이다, 최근 많이 늙었다'고 방치되는 일이 많다. 노인들의 이러한 증상은 '억제형'으로서 '우울'이라는 말로 표현하지 않고 "어쩐지 컨디션이 나쁘다, 살아 있어도 소용이 없다, 자신은 외톨이다, 자신은 쓸모없는 인간이다, 허무하다, 나는 쓰레기 같은 인간이다." 등으로 표현한다고 하였다. 강지선(2004)의 연구에서도 노년기 우울의 특징은 별다른 이유 없이 신체적 고통의 증상을 호소하는 것으로 흔히 심한 동통, 두통, 복통, 위장장애, 허리통증 등을 호소하기도 한다고 하였다. 또한 에너지와 집중력이 저하되고, 밤에 자주 깨고 새벽 일찍 일어나 다시 잠들지 못하고, 식욕이 저하되고, 신체적 증상에 대한 호소가 두드러지고, 질병이나 신체와 연관된 망상적 사고가 동반된 신체적 호소가 많고, 자기 자신을 비난하는 경향과 편집증적 사고 혹은 자살사고가 많고, 가장된 우울증이 많아 불안이 불편, 공허감 등으로 나타나거나 가성치매로도 나타나 현저한 기억장애를 보이기도 한다(이꽃메, 김화중, 2000).

특히 우울을 경험하는 노인은 신체적 증상에 지나치게 집착하는 특성이 있다. 따라서 노인 대상자의 거의 반 이상이 다양한 신체적 질병을 동반한 우울을 가지고 있다(강덕기, 2005). 즉 우울과 관련된 주된 임상적 특성인 수면부족, 피곤, 식욕상실이나 과식, 무기력함, 주의집중력의 감소, 생산성의 감소, 사회적 철회, 활동 감소, 흥미상실, 미래에 대한 비관적인 태도, 죽음이나 자살에 대해 반복적으로 생각하는 것, 우는 횟수가 잦아지는 것 등과 더불어 노인들은 두통, 복통, 위장장애, 심한 통증, 허리 통증 등의 신체적 증상으로 나타나는 경우가 많다는 특성을 가지고 있다.

위와 같은 여러 가지 상황으로 비추어볼 때 노년기 우울 성향은 젊은 층과는 다른 특성을 나타낸다. 첫째, 노년기의 우울 증상은 치매 증상과 유사해서 기억력 감퇴와 인지기능의 저하를 많이 호소하고 있다. 둘째, 젊은 층에서의 우울은 핵심 증상으로 다양한 신체

증상을 호소하는 데 비해 노년기의 우울은 이러한 증상이 별로 유용
하지 않다는 것이다. 노년기에서는 질병과 함께 찾아오는 경우가 대
부분이기 때문이다(이수애, 이경미, 2002). 셋째, 노년기 우울은 젊은
층과는 달리 죄책감, 공격적 적개심이 자기 자신으로 내향된 경우라
기보다는 자존심의 상실에 영향을 주는 신체적 질환, 사회로부터의
감정적 고립, 가족이나 친구의 사별, 경제적인 문제 또는 직장에서의
은퇴, 교육 정도, 성격적인 문제에서 기인한다고 볼 수 있다(Gerner,
1989; 정은미, 2004 재인용). 그러므로 노년기 우울 증상은 생물학
적, 심리적, 환경적 요소들이 복합적으로 작용해 유발하는 것으로 봐
야 할 것이다.

2. 노년기 복지감

노년기 정신건강에서 우울감은 중요한 차원이지만, 정신건강의 단
지 한 차원이기 때문에 노인 정신건강의 다양한 측면들을 모두 다루
지는 못한다는 점이 지적되고 있다. 따라서 최근에는 우울만이 아니
라 심리적 복지감이나, 긍정적인 정서(positive affect) 등 정신건강의
긍정적인 차원에도 관심을 두고 있으며, 긍정적인 차원의 정신건강으
로는 심리적 복지감이 많이 거론되고 있다(Bowling, Browne, 1991;
Ingersoll-Dayton, Morgan, Antonucci, 1997; Krause, 1986; Revicki,
Mitchell, 1990; Roberts, Dunkel, Haug, 1994). 본 책에서도 정신건강
의 긍정적 차원으로 복지감에 관심을 두었다.

사회적 지지

앞으로 설명하게 되겠으나 사회적 지지는 광의의 개념과 협의의 개념 모두 social support라는 동일단어를 쓴다. 그런데 이러한 사용이 다소 혼란을 주지만 다른 용어를 사용하는 것 역시 이 분야의 연구에 혼동을 주기 때문에 그대로 사용하겠다.

1. 사회적 지지의 개념

노인들의 정신건강을 보호하는 기제로 최근 20여 년간 사회적 지지에 대한 관심이 높다. 중국계 미국인을 대상으로 한 연구에서 사회적 지지가 다른 요소들보다 정신과적 증상에 영향을 미치고(Lin, 1986), 일반인을 대상으로 한 연구에서도 사회적 지지의 결핍이 신경증적 증상과 밀접한 관련이 있고 정신적 질환의 유병률을 높은 것으로 나타났다(Handerson, 1980).

　이러한 사회적 지지는 1970년도에 문헌에 등장하여 폭발적인 관심을 받으면서 사회과학의 중요한 개념으로 자리 잡고 있는데, 지지와 관련된 개념들은 Cassel, Caplan, Cobb에 의해 이론적으로 정립되기 시작했다(박지원, 1985; Gottlieb, 1983; Vaux, 1988). Cassel과 Cobb은 왜 어떤 사람들은 스트레스를 주는 상황에서 잘 피해나가는데, 또 다른 사람들은 건강한 적응을 위해 필요한 자원들을 활용하지 못하고 질병을 일으키거나 잘 적응하지 못하는가에 관심을 가졌다. 역학자로서 두 학자는 이 두 집단의 개인적인 특성보다는 스트레스를 저지하는 상황적인 자원, 환경적인 자원에 관심을 가졌다(Gottlieb, 1983).

　먼저, Cassel(1974)은 적절치 못한 환경적인 조건들이 어떻게 해서 사람들에게 나쁜 영향을 미치는가에 관심을 가지면서 해로운 환경의 희생자가 되는 사람들과 그렇지 않은 사람들 간에는 어떤 차이가 있는가에 관심을 가졌다. 이러한 문제의 해결책을 2편의 동물연구에서 찾았다. 동물연구의 고찰을 통해 그는 여러 가지 사회적 혼란은 질병에 대한 저항력을 떨어뜨린다는 것을 제시하였다. 중요한 사회적 관계(tie)의 붕괴는 스트레스를 유발하는 환경적 조건을 만들어 내고, 그러한 환경은 개인에게 적절치 못한 또는 혼란스러운 피드백을 주어 결국 신체적 평형을 깨뜨리기 때문에 질병에 걸리기 쉽게 한다는 것이다. 그런데 스트레스를 주는 사건을 경험하는 유기체가 지지적인 환경에 있다면, 사건의 부정적인 결과로부터 보호될 수 있다. 즉 심리사회적 과정들이 질병의 역학에서 상당히 중요한데, 특히 사회적 지지는 스트레스와 관련된 질병에서 중요한 역할을 한다고 주장하였다.

　Cassel은 사회적 지지에 대해 정확한 정의를 내리지는 않았으나, 일차집단이 개인에게 가장 중요한 지지를 제공해 준다고 하였다. 더 나아가 그는 사회적 지지가 일차집단이 제공하는 feedback convey로 구성되어 있으며, 이러한 feedback convey는 행동적, 인지적, 정서적 수준에서의 일탈을 수정한다고 주장하였다. 또한 스트레스를 받는 동안에 일차집단이 제공하는 사회적 지지가 스트레스를 중재한다고 제안하였다. 그러나 "인간과 동물 모두에게서 자신과 같은 종의 다른 동물이 있다는 것이 여러 가지 스트레스 자극으로부터 개인을 보호할 것이다."라는 광범위한 언급 때문에 어떻게 일차집단의 피드백이 스트레스를 받고 있는 사람들에 의해 활용되는가에 관해서는 많은 의문점들이 남아 있다(Gottlieb, 1983).

Cobb(1976)도 역시나 스트레스와 정신건강 간의 관계에서 사회적 지지를 중요하게 봤으며 Cassel에 비해 사회적 지지의 가장 중요한 측면인 피드백의 특성을 좀 더 자세히 설명하였다. Cobb은 사회적 지지를 정보의 측면에서 보고 첫째, 개인이 돌본다는 정보 둘째, 가치를 부여받고 존중받는다는 정보 셋째, 의사소통과 상호적 의무의 망에 소속된다는 정보로 규정하였다. 이 세 가지 종류의 정보는 정서적 지지와 존경적 지지, 소속감 지지를 반영한다. 그러나 Cobb의 정의는 '행위지향적인 지지, 유형적인 보조나 서비스를 제공하는 지지'의 형태를 설명하는 데는 실패하였다. 게다가 지지의 정보적 측면만을 강조하였기 때문에, 물리적인 접촉이나 친한 친구의 존재와 같은 사회통합적인 면은 무시되었다.

Caplan(1974)은 Cassel의 기본적인 개념인 일차집단의 스트레스 완충력을 정신의학과 지역사회 정신건강 연구에 통합시켰다. 일차집단을 강조한 Cassel과는 달리 그는 다양한 도움집단, 이웃에 근거한 도움망, 시민조직, 지역사회의 게이트키퍼도 중요하게 봤다(Gottlieb, 1983). 이에 따라 그는 지지체계의 개념을 도입하였는데 지지체계는 사회적 집합체(aggregates, 즉 다른 사람, 사회망, 집단, 조직과의 지속적인 상호 작용을 하는)로서, 커다란 지역사회 맥락에서 의사소통의 결핍을 상쇄시키는 역할을 한다. 지지체계에서는 다음 세 가지의 지지를 제공한다. 첫째, 중요한 타자로부터의 도움은 심리적 자원을 이용하게 하며, 정서적 부담감을 정복하게 한다. 둘째, 지지체계에 있는 사람들과 과제를 공유한다. 셋째, 개인이 상황을 다루기 위한 돈, 물질, 도구, 기술, 인지적 지침을 제공한다. 이러한 지지는 가족이나 친구만이 아니라, 상호 간의 도움을 주고받는 집단, 이웃에 있는 비공식서비스, 성직자 등 다양한 지지 원으로부터 제공된다고 보았다.

Caplan에 의하면 사회적 지지는 개인과 집단 간에 지속적으로 상호 작용하는 사회적 집합체에 의해 제공되는 것으로 Caplan이 지지의 총계(aggregates)를 설명하기 위해 '체계'라는 용어를 사용하긴 하였으나, '체계중심적인 사고'를 연상하게 하는 구조적인 속성들을 설명하지 않았고, 또한 그러한 체계가 어떻게 생겨나고 발전되어 가는가에 대한 언급도 하지 않았다. Caplan은 단지, 지지적인 사회적 결합이 하나의 체계로서 관계가 지속되는 것이 중요하다고 하였고, 또한 위에 언급된 바와 같이 지지적인 체계가 기능하는 3가지 형태의 과업을 중시하였다(Gottlieb, 1981). 이러한 Caplan의 사회적 지지의 기능과 지지원에 대한 생각은 Cassel과 Cobb의 중심 주제를 확장시킨 것으로, 그의 가장 주된 업적은 사회적 지지의 그 형태와 의미를 강조했으며, 지역사회에서의 사회적 지지에 대해 독창력 있는 윤곽을 제공하였다는 점이다.

따라서 Cassel은 역학적인 측면에서 사회적 지지의 개념을 적용시키기 시작한 학자라면, Cobb은 사회적 지지를 스트레스의 완충기제로서 그 영역을 확장시켰으며, Caplan은 Cassel의 개념을 확장시키면서 지지체계의 기능적인 측면을 강조하였다고 볼 수 있다.

이렇게 발전된 사회적 지지는 스트레스의 해로운 영향으로부터 개인의 정신건강을 보호하는 메커니즘으로서, 사회적 통합, 사회적 지지망, 사회적 상호 작용 등 사회관계의 여러 측면을 의미하는 다차원적인 개념으로 자리잡았다(House & Kahn, 1985; Vaux, 1988; Wortman & Dunkel-Schetter, 1987). 그러나 실증연구에서는 사회관계의 여러 차원 중 어느 한 차원에만 초점을 맞추기도 하고 때로는 두세 가지의 특성들을 조합하여 사용(House & Kahn, 1985; Wortman & Dunkel-Schetter, 1987)하는 등 사회적 지지의 개념에 일관성이 결여되어 있다. 즉 연구자의 관심에 따라 사회적 지지의 개념이 다양하기 때문에 측정하는 방식도 다르게 되고, 사회적 지지의 효과에 대한 설명도 서로 다르지만, 스트레스 상황에서 개인에게 긍정적이든 부정적인 영향을 주는 것만은 사실이다.

사회적 지지에 대한 선행연구들을 볼 때, 연구자들이 사회관계의 구조적 특성에 초점을 맞추는가 아니면 기능적 특성에 초점을 맞추는가에 따라 사회적 지지의 개념이 달라지기 때문에 본 절에도 구조적 차원과 기능적 차원으로 대별하여 세부적인 개념을 정리해 보겠다.

반복해서 설명이 되겠으나, 사회적 지지의 구조적인 차원은 사회적 통합, 사회적 지지망, 사회적 망과 같은 개별화된 용어가 있으나, 사회적 지지의 기능적 차원은 사회적 지지라는 용어로 쓰이는 경우가 많아 혼동될 수 있음을 밝힌다.

1) 사회적 지지의 구조적 차원

사회적 지지의 구조적인 특성에 초점을 맞추는 학자들은 사회적 지지를 사회적 통합 또는 사회적 지지망으로 개념화한다.

(1) 사회적 통합

사회적 통합은 사회접촉(social contact), 사회적 역할에의 포함(social role embeddedness), 사회적 결합(social tie) 등의 용어로 표현되기도 한다(Antonucci & Depner, 1982; Moos & Mitchell, 1982; Wills, 1985). 사회적 통합에 초점을 맞추는 학자들은 단순히 사회관계의 존재 유무를 보기도 하고 얼마나 많은 사회관계에 참여하고 있느냐를 보기도 한다. 구체적으로 결혼상태, 다른 사람과의 동거여부, 교회 참석여부, 지역사회 참여여부 등으로 측정한다(Berkman & Syme, 1979; Blazer, 1982; House 등, 1982; Wills, 1985). 보통 사회인구학적 특성으로 측정하기 때문에 사회적 지지의 다른 측정방법에 비해 객관적이기 때문에 신뢰성이 있으며, 자료를 얻기 쉽고 정확하다는 장점이 있다(House & Kahn, 1985).

사회적 관계의 단순 존재여부가 지지적인 기능을 할 가능성이 있기 때문에 사회적 통합은 중요하다. 한 예로 Levinger와 Huesman(1980)은 행동적 보상(참여자 간의 특별한 행동적 교환에 근거한 보상)과 관계적 보상(관계가 단순히 있다는 것에 근거한 보상)을 이론적으로 구분하여 연구하였다. 연구결과 관계적 보상과 심리적 복지감 간에 긍정적 상관관계가 발견되었다. 이렇듯 사회적 관계의 존재나 양이 건강에 영향 미친다는 연구결과가 많을 뿐 아니라(House & Kahn, 1985 참조),

대인관계의 수(amount)가 사회적 지지의 구조적 특성이나 기능적인 특성보다 건강에 더 중요하다는 연구결과(Syme, 1982)도 있다.

이와 같이 사회적 결합과 심리적 기능 간의 관계는 지난 30여 년 간의 수많은 연구의 주제였다. 이 연구들의 대부분은 사회적 결합이 심리적 기능에 영향 미친다는 사회인과 모델을 이용하였다. 이러한 맥락에서, 심리적으로 잘 적응하지 못하는 것은 오랜 시간 동안 적절치 못한 사회적 통합에 포함되어 있었기 때문이라고 볼 수 있다 (Durkheim, 1951; Pearlinm 1985). 다른 해석으로는 상징적 상호 작용, 사회교환, 사회비교, 자아존중감, 개인적 통제이론들을 이용하여 긍정적인 정신건강을 유지하는 사회관계의 역할을 설명하였다(참조 Thoits, 1982; Wills, 1985).

그러나 사회적 지지를 통합의 측면에서만 정의를 내려 측정하는 경우, 사회적 관계가 건강에 영향을 미치는 메커니즘을 밝혀내지는 못한다. 이는 사회적 통합이 관계의 존재 유무로 정의된 것으로, 관계에 의해 제공되는 존경심이나 애정과 같은 상호 작용의 측면에서 정의된 것이 아니기 때문이다(Wills, 1985). 따라서 사회적 통합과 심리적 복지감 간의 관계에 대한 해석을 할 때는 좀 더 신중할 필요가 있다. 예를 들어, 교회에 다니는 사람이 그렇지 않은 사람에 비해 디스트레스를 적게 받는다는 연구결과가 있을 때, 이 결과를 평면적으로 해석할 것이 아니라, 사람들이 교회에 감으로써 지침을 얻고, 가난하고 디스트레스에 처한 사람들을 돕고, 사람들을 만나고, 정규적이면서도 사회적으로 존경할 만한 활동에 참여함으로써 얻게 되는 이득들을 고려해야 한다. 이러한 작업을 통해서 사회적 지지의 효과나 그 메커니즘을 좀 더 분석적으로 이해할 수 있게 될 것이다.

또한 사회적 접촉이 사회적 통합의 지표로 정의 내려지기도 하는

데, 이는 다음에서 설명할 사회적 지지망의 측정이나 분석방법과 혼
동되는 문제점을 안고 있다. 따라서 사회적 통합은 순수한 사회적
관계의 존재여부나 그러한 관계의 수로만 개념정의를 내리는 것이
바람직하겠다.

(2) 사회적 관계망

사회과학자들은 사회구조를 설명하기 위해 부분적이긴 하나 망
(network)의 개념들을 사용해 왔다. 이러한 망 개념은 사회학자들과
사회인류학자들의 초기 연구에서 나타났다.

1950년대 인류학자들은 시설화된 집단이나 사회적 범주에서 벗어
나 포괄적으로 사회적 결합을 연구하기 위해 좀 더 철저하게 망 개
념을 발달시키기 시작하였다(참조 Gottlieb, 1981). 예를 들어, Barnes
(1954)는 친족과 사회계급의 측면에서 망을 설명하던 기존의 관점에
서 벗어나 조직화된 어촌집단을 설명하기 위해 망 개념을 사용하였
다. 또한 몇몇의 학자들이 지방에서 도시로 이주한 제3세계 이주자
들을 연구하기 위해 망 개념을 사용하였다. 이주민들은 결속력 있는
지역사회의 구성원이 아니었으며, 대도시에 뿌리도 내리지 못한 아
노미상태에 있는 구성원일뿐이었다(Kornhauser, 1968). 그러나 이주
자들이 여전히 자신들의 예전 지방 마을과의 결합을 유지하면서 새
로운 도시결합도 형성하고 있었다. 이주자들의 복잡한 사회적 망은
새로운 도시생활의 요구에 대처하기 위한 상당한 자원을 제공하였다
(Mayer & Meyer, 1974; Mitchell, 1961). 이러한 연구결과는 개인들
이 어떻게 여러 사회적 세계에서 기능적이 되는가에 대해 연구할
때, 사회적 망을 분석하는 것이 이점이 된다는 점을 제시하고 있다

(Gottlieb, 1981).

인류학자들은 어떤 특정 집단의 적절한 행위를 설명하기 위해 규범적인 권리와 의무에 대한 문화적 체계에 관심을 기울인다. 그러나 이러한 규범적인 분석은 여러 집단의 사회적 결합 연구에 적용하기가 어렵다. 따라서 여러 집단들의 결합을 연구하기 위해, 각 집단들이 형성하고 있는 구조와 구성요소들에 분석적 노력을 기울이기 시작하였다. 인류학자들은 '상호 간의 결합'과 '간접적인 결합'과 같은 일련의 구조적인 개념들을 '사회적 망'의 초기 개념으로 발달시켰다 (Gottlieb, 1981).

또한 몇몇의 인류학자들은 이러한 망 구조의 차이가 어떻게 사회적 행동과 관련 있는가에 관심을 두었다. Bott(1957; 참조, Vaux, 1988 pp.28)는 '망 밀도'의 개념을 만들어 냈다. 망 밀도는 이론적으로 가능한 모든 결합에 대한 관찰된 결합의 비율로 계산된다. 그는 결혼 역할 관계의 다양성이 사회계층 차이와 관련이 없다는 점에 착안하여, 결혼 역할 관계의 다양성을 망 밀도의 개념으로 설명하였다. 연구결과, 남편과 아내들이 각기 분리되어 자신들의 밀도 있는 친족 망에 속해 있는 경우, 느슨한 친족 망에 속해 있는 부부들에 비해, 좀 더 결혼관계가 분리되는 경향이 나타났다.

이러한 연구들은 사회적 망의 개념을 형성시키고, 망의 구조적인 속성들을 측정함으로써 망 연구를 발달시켰으며, 조직화된 사회생활에서 망의 중요성에 대한 통찰력을 제공하였다. 그러나 많은 분석가들이 망 개념을 다소 은유적으로 사용하는 경향으로, 구체적인 특성이나 차원을 정의하지 않았다(Mitchell, 1969). Nerwegian parish community 조사에서, Barnes(1954)는 망의 개념을 지역사회에서 개인 간의 연계 (connectedness)를 나타내는 것으로 사용하였다. 그 다음 연구에서 사

회적 지지의 몇 가지 측면들이 지역사회 구조의 양을 나타내기 위한
의도로 구분되었다(Boissevain, 1974; Mitchell, 1969).

인류학자들과는 달리 사회학자들은 망 개념을 다소 다르게 사용하
였다(Gottlieb, 1981; Milardo, 1988). Simmel의 연구에서부터 사회학
자들은, 망의 구조적인 형태가 개인의 행동을 어떻게 제한하는가에
관심을 가졌다. Simmel은 세 사람 간의 관계는 두 사람 간의 관계
와는 근본적으로 다르다고 주장하였는데, 이는 집단적 압력이 세 사
람 간의 관계에서 나타나기 때문이라고 설명하였다(Gottlieb, 1981).
Moreno 등(1934)은 작은 집단들, 특히 학동기 어린이들의 애정적인
유대감에 관심을 가졌다. 집단 내에서 친구를 선택하게 하고 이를
그래프로 그렸는데 당시 다양한 그래프 기술들이 발달되어서, 그 집
단의 구조적 특성들이 눈에 보기 쉽게 규정되었다. 미국의 양적 연
구의 경향과 맞추어, 이 사회학자들은 가능한 한 망 구조의 특성을
자세히 기술하고자 하였다. 따라서 그들은 다양한 상황으로부터의
관찰 자료와 설문조사 자료를 모았고, 대표적인 패턴을 그래프로 나
타내기 위해 'sociometric' 기법과 밀도 있는 친족집단을 발견하기
위해 '매트릭스 대수학' 기법을 발달시켰다(Festinger, 1949; Milardo,
1988 재인용). 후에 이 기법은 수정되었고, 군집분석, Block modeling
과 같은 다양한 자료 추론기법이 발달했다(Salzinger, 1982; Winship &
Mandel, 1983).

이러한 방법은 부분적으로는 개인적 망(personal network)의 연구
와 관련 있는데, 개인적 망은 망을 특정 개인의 관점으로부터 정의
내리는 것이다(Gottleb, 1981). 개인적 망 접근은 사회적 망의 내용
(특정 개인과 망 구성원 간의 특정 자원의 흐름), 구성요소(구성원의
사회계층, 성), 구조(어떤 특정인과 직접적으로 연관이 된 망 구성원

이 다른 구성원과도 직접적으로 서로 서로 연관이 되는가)에 관한 정보를 모으는 방법이다(Vaux, 1988). 그러한 정보는 특정 개인과 망 구성원 간의 역동적인 관계와 이러한 관계들이 서로 얽혀 있는 전체 망에 대한 정보를 제공해 준다. Bott(1957) 이래로 개인적인 결합과 망 특성을 측정하기 위한 다양한 방법들이 발달되었다. 개인적 망 접근을 사회적 지지연구와 상당한 관련이 있는데, 이는 망의 속성이 어떻게 특정 개인의 자원의 흐름에 영향을 미치는가에 정보를 주기 때문이다(Vaux, 1988).

개인 망 연구에는 지역사회연구와 조사망(search network) 연구가 있다. 지역사회 연구는 개인적 결합들이 어떻게 좀 더 큰 사회적 체계에 적합(fit)하게 되는가를 조사하며, 또한 개인이 체계에 적응하기 위한 대처자원들을 어떻게 제공하는가에 관한 연구이다(Fischer 등, 1977; Wellman, 1979). 이와 달리 조사망 연구는 일련의 결합들이 특정 자원을 어떻게 획득하는가를 연구하는데, 예를 들어 망 특성이 직업이나 사회적 서비스, 다른 자원들을 찾는 방식에 어떠한 영향을 미치는가를 보여준다(Bernard & Killworth, 1978; Granovetter, 1974, 1982).

사회적 지지연구에서 망 분석을 하는 경우, 대부분의 연구들은 개인적 망에 자신들의 관심을 제한하여 망이 어떻게 구성되어 있는가, 내적인 연계 특성은 어떠한가, 망의 전반적 구조적 특성이 지지체계로서의 잠재성에 어떠한 영향을 미치는가를 연구하는 경우가 많다. 특정 개인적 망은 일반적으로 가족구성원, 가까운 친구, 이웃, 직장동료로 구성되어 있으며, 개인의 정서적인 생활에 가장 중요한 사람들로, 정규적인 접촉을 한다(Gottlieb, 1983). 지역, 가족생활주기, 정신상태 변수에 따라 다양하지만, 대체로 10명 정도가 이러한 personal community의 구성원으로 거론된다(Hammer, Makiesky-Barrow, & Gutwirth, 1978).

개인 망 연구와 다른 흐름으로는 전체 망(whole network) 연구가 있다(Gottlieb, 1981; Vaux, 1988). 전체 망은 모든 구성원 간에 있는 모든 결합을 의미한다. 개인 망에 비해 전체 망 연구는 사회적 지지 연구의 발생에 직접적인 영향을 미치지는 않았으나, 전체 망의 개념과 기법은 사회체계의 구조적 패턴을 설명하는 데 유용하다. 전체 망 분석의 장점은 전체로서의 사회체계와 체계를 이루는 부분 모두를 동시에 설명한다는 점에 있다. 정보나 자원들의 좌우상하 흐름을 추적할 수 있게 하며, 또한 자원의 흐름에 있어서의 구조적인 제한점을 찾을 수 있게 한다. 전체 망 연구자들은 서로 다른 구조적 형태들이 좀 더 큰 사회적 체계와 어떻게 서로 연결되어 있는가에 관심을 갖는다. 예를 들어 밀도 있는 친족, 경계가 뚜렷한 집단들은 개인을 국한된 사회체계에 강하게 통합시킨다(Davis, 1967). 그러나 전체 망은 모든 구성원과 모든 결합을 포함하기 때문에 분석이 어렵다는 단점이 있다(Vaux, 1988).

망 분석자들은 구성원 간의 패턴화된 행동들을 설명하는 데 더 관심을 가지고 있다. 이들은 규범적인 신념이나 성, 인종, 계급과 같은 범주화된 멤버십에는 관심이 없는데, 이는 이러한 해석이 본질적으로 비구조적이라고 보기 때문이다(Gottlieb, 1981; Vaux, 1988). 또한 망 분석에서는 분석의 단위로 개인만이 아니라, 집단이나 조직까지도 포함시켰고, 결합의 개념에 친구나 친척만이 아니라 자원의 흐름도 포함시켰다. 이러한 커다란 규모의 사회체계를 '망 중의 망'이라는 개념으로 설명하였다(Craven & Wellman, 1973).

한편, 사회 망에 대한 초기의 작업들은 사회체계에 대한 구조적 분석에 관심을 가졌다(Milardo, 1988). 먼저, 표면화된 복잡한 사회체계 아래에 있는 정규적인 망 패턴을 설명하고, 이러한 패턴이 어떻게 해서 부족한 자원을 배분하고 개인의 행동을 제한하는가를 연구하였다. 이러한 분석들은 개인들 간의 결합보다는, 사회체계 내에 있는 단위와 그러한 단위들이 형성하는 패턴 간의 결합에 초점을 두어 분석하였다. 실제로, 사회학적 망 분석은 다음 두 가지의 흐름으로 형성된다. 첫째는 '구조주의'로서 대부분의 사회학자들이 몰두하고 있는 연구문제들을 좀 더 강력하게 다루기 위해 망 분석적 개념과 기법을 사용한다. 두 번째 흐름은 형식주의(formalism)으로서, 망 패턴을 수학적으로 설명하는 데 관심을 두고 있다(Holland & Leinhardt, 1979).

사회적 망에 대한 구조적인 분석가들은 유대를 갖는 집단들의 활동을 설명하기 위해 사회적 통합, 정상적인 권리와 의무의 문제에 관심을 갖고, 다양한 형식을 취하였다(참조, Blau, 1982; Wellman, 1983). 예를 들면, 인류학자들이나 사회학자들은 모두 비슷하게 지방에서 도시로의 이주가 개인에게 미친 영향과, 사람들이 이주 후에 어떻게 개인적인 관계망을 형성하여 전통적인 가치를 유지하는가에 관심을 가졌다(Wellman, 1983). 또 다른 학자들은 주로 어떤 유대패턴들이 자원을 확산시키고 커다란 사회체계에 개인을 통합시키는 사회적 행동에 영향을 미치는가에 관심을 두면서 망 개념을 사회적 구조의 분석으로 확장시켰다. 예를 들어, 연구자들은 젊은이들의 문화에 망의 구조가 어떻게 정보를 확산시켜서 문화적 요인들에 영향을 미치는가를 조사했다(Ross, 1987).

이러한 개념화 과정을 거쳤으나 사회적 망에 대한 단일적이고 체계화된 정의는 없는데(Biegel, Shore, Gordon, 1984) 대표적으로 Barnes (1972)와 Mitchell(1969)의 정의를 들어볼 수 있다. Barens(1972)는 사회적 지지망을 'a set of points which are joined by lines; the points of the image are people or sometimes groups and the lines indicate which people inteact with each other'으로 정의 내렸다. Mitchell(1969)은 Barnes와 약간 다르게 정의 내렸는데, 행동을 이해하기 위한 유용성을 강조했다. 즉 사회적 망은 'specific set of linkages among a defined set of persons with the additional property that the characteristics of these linkages may be used to interpret the social behavior of the persons involved'이다.

(3) 사회적 망-사회적 지지망 간의 관계

대부분의 지지연구는 지지적인 관계만을 연구해 왔는데 모든 대인 관계가 지지적이라고 가정하고, 개념적으로 방법론적으로도 지지적 인 관계를 분석하는 것이 더 효과적이라고 가정해 왔다(McLanahan, Wedemeyer, & Adelberg, 1981; Wilcox, 1981). 두 용어가 상호 교환 적으로 분석되기는 하나 사회적 망과 사회적 지지망은 그 의미가 구 분되기 때문에 이러한 전략은 개념상으로, 방법론상으로 매우 위험 하다(Vaux, 1988). 그러나 초기 연구자들은 이러한 구분을 중요하게 여기지 않았고, 망 구성원을 자신에게 중요한 사람들의 이름이나, 가 족, 친구, 동료 또는 주어진 어떤 특정 빈도로 상호 작용하는 사람 이나 지속적으로 개인적인 관계를 유지하고 있는 사람들로 정의하였 다(Vaux, 1988).

Hall과 Wellman(1985)은 사회적 망과 사회적 지지망의 구분으로 다음 다섯 가지를 들고 있다. 첫째, 대부분의 사람들은 지지적이지 않은 결합을 가지고 있다. 이에 대한 정신치료학적 증거만이 아니라,

사회적 망 연구들에서는 많은 결합들이 지지적이지 않다는 것을 보여주고 있다. 예를 들어 East Yorker 연구에서 대인관계 중 18%의 사람들이 정서적 지지, 서비스, 물질적 지지, 경제적 도움, 정보제공 등의 15가지 지지항목에서 어떠한 지지도 제공하지 않는다는 것을 알 수 있었다. 둘째, 지지가 주어지는 상황을 배제하고 단지 지지의 영향만을 분석하고 있다. 지지가 주어지는 상황, 예를 들면 요구에 의해서 어쩔 수 없이 제공되는 상황, 지지원이 자발적으로 제공하는 상황, 원치 않는데도 지지원이 지지를 제공하는 상황 등에 따라 지지의 영향이 달라질 수 있는데 이를 고려하지 않고 있다는 것이다. 셋째, 지지적 결합의 맥락을 왜곡함으로써 분석의 문제가 있다. 예를 들어, 지지적인 결합을 5개 가지고 있는 사람과 지지적인 결합과 비지지적인 결합을 각기 5개씩 가지고 있는 사람에게 5개의 지지적인 결합은 같은 의미일 수 없다. 이때 비지지적인 사람들도 지지를 주고받으며, 여러 가지 방식으로 지지적 활동에 영향을 미치는 활동적인 망 구성원이라는 것이다. 따라서 지지망은 사회적 망이 작용하는 여러 방식들을 반영하지 못하는 추상적인 분석이 될 수 있다. 넷째, 비지지적인 사람들을 고려해야만 한다. 왜냐하면, 그들은 다른 망 구성원들과의 결합을 통해서 자원을 간접적으로 제공하는 지지원이기 때문이다. 비지지적인 사람들은 조화(순응, 복종)를 요구하고 행동적인 대안들을 제안하는 '망 경찰'로서의 행위를 함으로써 지지의 가용성이나 사용에 영향을 미친다. 다섯째, 지지망-사회적 망의 구분은 연구결과를 비교할 때 영향을 미칠 수 있다. 예를 들어, 지지망은 좀 더 밀도 있는 집단이다. 그러나 분석가들은 때로 망이 어떻게 정의되었는가에 대한 고려 없이 연구결과들을 비교하는 경향이다.

이러한 다섯 가지 비교를 통해, Vaux(1988)는 지지망을 사회적 망의 하위로 보았고, 망에 비해 좀 더 크기가 작고, 아주 친밀한 지지를 주고받는 관계로 보았다. 그러나 비지지적인 관계를 포함하지 않음으로 해서 사회적 지지를 왜곡할 가능성이 있다.

망과 지지망의 관계에 대한 논의가 계속됨에 따라, 사회적 망의 구체적인 하위영역이 규정되고, 그에 따라 측정되었다(Barrera, 1981; Wilcox, 1981). 예를 들어, Jones와 Fischer(1978)는 특정 상황에서의 도움을 측정하는 척도를 개발하였다. 대부분의 지지망은 정서적, 경제적, 실질적, 지침적 지지와 같은 특정의 지지를 제공하는 사람들로 정의되고, 그에 따라 측정방법이 발달되었다. 이렇게 좀 더 구체적인 접근을 함으로써 여러 가지 지지를 제공하는 하위망들을 구분 가능하게 했고, 갈등을 포함하여, 지지적 관계의 질을 조사할 수 있게 했다(Vaux, 1982).

사회적 망이 점차 사회적 지지의 상호 교환관계로 구성된다고 하는 개념정의가 발전됨에 따라 일부 학자는 개인이 구성하고 있는 지지적 유대의 망, 다시 말해서 사회적 지지망에 보다 직접적인 관심을 표명하게 되었다. Garbarino(1984)는 사회적 지지망, Thoits(1982)는 사회적 지지체계의 개념을 정의하였다. Garbarino(1984)는 사회적 지지망을 '지속적으로 양육을 제공하며 일상생활에서 삶에 대한 대처능력을 강화시켜주는 사람들로 구성된 집단으로 상호 연관된 관계의 집합체'로 정의하였고, Thoits(1982)는 '사회적 망에서 사회경제적 도움 혹은 도구적 도움을 기대할 수 있는 사람들의 하위체계'로 지지체계를 정의하였다. 또한 Walker 등(1977)은 사회적 망을 개인이 사회적 정체감을 유지하고 정서적 지지, 물질적 보조, 서비스 및 정보, 새로운 접촉기회 등을 제공받는 개인적 관계의 집합체(set)로 정의 내렸다. 그런데 Walker 등의 정의는 사회적 망을 사회 작용의 내용과 결과의 측면에서 정의 내리고 있기 때문에, 사회적 망이라기보다는 사회적 지지망의 개념으로 봐야 적합하다.

그런데 Hall과 Wellman(1985)은 지지망의 개념화에서 비지지적인 관계의 중요성을 언급했으나, 다른 연구자들은 지지망을 긍정적인 측면만을 강조하여 정의 내리는 경향이 있다. 앞으로도 좀 더 논의가 되겠으나, 사회적 지지에서 비지지적인 관계 또는 부정적 기능을 하는 관계 역시나 개인의 삶에서 중요하기 때문에 이 점을 고려하여 지지망을 다음과 같이 정의 내릴 수 있겠다. 즉 **사회적 지지망은 커다란 사회적 망의 하위체계로서 '구성원 간에 지속적으로 긍정적 / 부정적 지지를 주고받는 일련의 집합체'라고 정의 내릴 수 있다.**

(4) 사회적 지지망의 측정과 분석

일반적으로 사회적 지지망은 망의 크기, 밀도, 다양성, 상호 호혜성, 접촉의 빈도, 기간, 동질성 등으로 측정하고 분석한다(Barnes, 1972; Mueller, 1980; Pilisuk & Froland, 1978; Wellman, 1981). 지지망의 크기는 가족, 친구, 전문가 등의 범주에서 지지적인 사람의 이름이나 수를 쓰도록 하여 그 수를 분석하는 것이다. 지지망의 밀도는 망의 구성원들이 의존하는 정도로, 관계망의 분산이나 집중도를 알 수 있다. 지지망의 다양성은 개인이 속한 망 구성원들의 사회적 역할이 얼마나 다양한가를 의미하며, 상호 호혜성은 도움-주기와 도움-받기 간의 균형의 정도를 의미한다. 동질성은 개인과 망 구성원들 간의 연령, 성, 사회 지위, 인종 등이 유사한가를 의미한다. 근접성은 개인이 망 구성원과 얼마나 가까이 사는가를 의미하며, 기간은 개인이 망 구성원과 알고 지낸 시간의 길이를 의미한다. 또한 접촉의 빈

<u>도</u>가 있다.

그러나 이렇게 지지망의 특성을 파악할 수는 있다 하더라도, 사회 망을 구성하고 있는 수많은 사람들 중에서 어떠한 기준으로 사회적 지지망에 포함되는 사람들을 구분할 것인가에 대해서는 학자들 간에 일치된 바가 없다(Walker & Thompson, 1983). 예를 들어 오랫동안 친하게 지낸 친구만을 지지망 구성원으로 간주할 것인지, 아니면 단 순히 알고 지내는 사람까지도 지지망 구성원에 포함시킬지의 문제가 남아 있다.

이러한 문제를 해결하기 위해 Milardo(1988)은 친밀한 관계망, 교 환망, 상호 작용망 중의 하나로 사회적 지지망을 측정할 것을 제안 하였다. <u>친밀한 관계망</u>(networks of close association)은 자신의 삶에 서 중요하다고 생각되는 사람이나 친한 친구의 이름을 쓰도록 하여 측정된다. 이러한 방법은 응답자의 지각을 반영한다는 장점이 있지 만, 중간 정도로 친한 사람들이나 또는 부정적·적대적·갈등적인 관계에 있는 사람들을 간과하기 쉽다는 단점이 있다. 왜냐하면 이들 도 개인에게 영향을 미치는 사람들이기 때문이다. <u>교환망</u>(exchange network)은 배우자나 데이팅 파트너, 친한 사람 등 개인에게 긍정적 ·부정적 보상이 될 만한 교환을 하는 사람들의 이름, 성, 직업 등에 대한 정보로 측정된다. 사람들 간의 교환의 내용이 반드시 보상적이 지 않을 수 있으므로, 이 방법은 갈등적인 관계를 파악하는 데에 유 용하다. <u>상호 작용망</u>(interactive network)은 얼마나 빈번하게 상호 작 용을 하는가에 초점을 두어 특정 기간(일주일, 한달, 일년 등) 동안 에 일어난 활동에 대해 응답하게 하여 측정한다. 그러나 응답자들은 자신들이 한 실제 상호 작용의 절반도 다 회상해내지 못하며, 빈번 하게 상호 작용하는 구성원이 개인에게 더 중요하다고 단정 지을 수는 없다. 그럼에도 상호 작용망은 상호 작용하는 활동의 빈도에 초점을 둔 것으로 사회적 지지망의 다양한 특성을 파악하기에 더 유용하다.

또한 전체 지지망의 특성보다는 특정 대상이 지지망에 포함되어 있는가의 여부를 더 중요시하는 학자들도 있다. 예를 들어, 암환자의 경우 배우자나 의사로부터의 지지는 환자의 적응에 긍정적인 역할을 하나, 건강한 사람으로부터의 지지는 오히려 정신건강에 부정적인 역할을 하는 것으로 나타났다(Dunkel-Schetter & Wortman, 1982; Wortman & Dunkel-Schetter, 1979). 또한 부양스트레스와 관련된 연구들에서도 배우자로부터의 지지가 부양자의 스트레스를 중재하는 유일한 변수로 나타났으며(김윤정, 최혜경, 1993), 노인들은 배우자와 성인자녀로부터의 지지에 절대적으로 의존하고 있다(Chappell, 1991; Johnson & Troll, 1992). 이러한 결과들은 스트레스 상황에서 의지할 수 있는 최소 한 명이 개인의 정신건강에 중요한 역할을 한다는 점을 시사하고 있다.

종합하면, 사회적 지지의 구조는 사회적 통합과, 사회적 지지망을 포함하는 것으로 볼 수 있다. 사회적 통합은 결혼상태나 다른 사람과의 동거여부, 교회에의 참석여부, 지역사회의 활동에의 참여여부 등으로 측정이 가능하다. 사회적 지지망은 사회관계망의 하위체계로서 구성원 간에 지속적으로 긍정적ㆍ부정적인 지지를 주고받는 일련의 집합체로 개념화할 수 있다. 사회적 지지망을 측정하기 위해서는 친밀한 관계망, 교환망, 상호 작용망 중 하나를 선택하고, 이를 토대로 사회적 지지망의 크기, 밀도, 다양성, 상호 호혜성, 접촉의 빈도, 기간 등으로 분석하는 것이 적절하다고 여겨진다.

2) 사회적 지지의 기능적 차원

사회적 지지의 기능은 사회적 지지의 구조가 개인에게 제공하는 긍정적, 부정적 서비스나 도움을 나타내는 것으로 사회적 지지가 사회적 지지의 기능적인 차원을 의미하는 경우가 대다수이다(Thoits, 1982; Turner, 1981; Vaux, 1986, 1988). 따라서 차후 설명에서 사회적 지지는 기능적 차원의 사회적 지지를 의미하는 것으로 봐도 무리가 없겠다.

초기의 연구들은 사회적 지지의 기능을 단일 요소로 다루면서 사회관계망에 의해 가치를 인정받는다는 감정이나 도움을 받는다는 지각으로 개념화하였다(Cobb, 1976). 그러나 최근에는 서비스나 도움의 유형에 따라 개인에게 서로 다른 영향을 미치며(Schulz & Rau, 1985), 특히 제공된 지지의 종류가 지지를 필요로 하는 사람의 요구와 일치할 때 사회적 지지의 긍정적인 효과가 최대치가 된다는 주장이 제기되었다(Cohen & Mckay, 1984; Jacobson, 1986).

이에 따라 사회적 지지의 기능을 다양한 유형으로 구분하기 시작하였고, 이러한 경향을 따르는 학자들은 다양한 도움이나 행동 자체에 관심을 두고 있다(Jacobson, 1986). 반면, 사회적 지지를 개인의 기본적인 사회적 욕구를 충족시켜주는 지지의 효과로 정의하는 학자들(Shumaker, Brownell, 1984; Thoits, 1982)이 있다. 이들 학자들[2]은

---

2) Thoits(1982)와 사회적 지지를 '개인의 기본적인 사회적 욕구가 타자와의 상호 작용을 통해 충족되는 정도'라고 정의 내렸다. 여기서 기본적인 사회적 욕구는 애정, 존중, 승인, 소속감, 정체감 및 안전을 의미하며, 이러한 욕구는 사회정서적 도움과 도구적 도움의 제공에 의해 충족된다.
Shumaker와 Brownell(1984)은 사회적 지지를 '지지수혜자의 안녕을 향상시키기 위한 두 사람 간의 자원의 교환'으로 정의하였다.

서비스나 도움의 행동이 개인의 욕구를 어느 정도로 충족시켰는가의 측면에서 사회적 지지를 정의 내리고 있는데, 이러한 정의는 사회적 지지와 개인의 육체적/심리적 건강이 서로 혼동되는 문제가 생긴다. 따라서 본 책에서는 사회적 지지의 기능을 행동적 측면에서 보고자 한다.

사회적 지지의 기능을 행동적 측면에서 다룬 학자들은 지지의 유형을 주로 3-4개로 구분하여 제시하고 있다. 예를 들어, House(1981)는 정서적, 평가적, 정보적, 도구적 지지의 4개 유형으로 나누었다. 정서적 지지는 신뢰, 애정, 감정이입, 친밀감을 제공하는 지지이며, 평가적 지지는 수용, 긍정적 환류, 긍정적 자기 평가 등을 의미한다. 또한 정보적 지지는 어떤 상황에 적응하도록 도와주는 것이며 도구적 지지는 실제적인 도움을 교환하는 것을 의미한다.

다른 학자들도 House(1981)와 유사한 지지 유형을 제시하였다. Jocobson(1986)은 정서적 지지, 인지적 지지, 물질적 지지를 제시하였는데, 여기서 인지적 지지는 정보나 지식, 충고를 제공하는 것으로 정서적 지지와 유사하고 물질적 지지는 도구적 지지로 볼 수 있다. 또한 Kahn(1979), Kahn과 Antonucci(1980)는 애정, 확신, 보조의 세 가지 요소 중 하나 또는 그 이상의 요소를 포함하는 대인 간 교류라고 정의하였다. 애정적 교류는 호감, 존경 또는 사랑의 표현을 의미하기 때문에 정서적 지지와 같은 기능을 한다고 보며, 확신의 교류는 발언의 적절성이나 행동의 정당성에 대한 동의 또는 승인의 표현을 의미하는 것으로 존경적 지지 또는 평가적 지지와 같은 개념이다. 보조는 물품, 금전, 시간을 포함하는 직접적인 보조로 도구적 지지를 의미한다. 따라서 사회적 지지의 기능을 행동으로 정의 내린 학자들의 견해를 종합하면, 사회적 지지의 기능은 정서적 지지, 도구적 지지, 평가적 지지

(또는 존경적 지지), 정보적 지지로 구분이 된다고 볼 수 있다.

이러한 지지적인 행동의 유형은 다시 정서적 지지와 도구적 지지로 크게 분류된다고 볼 수 있다. 정서적 지지는 존중감 지지, 신뢰 있는 관계 등의 용어로 사용하는데(Wills, 1985), 정보적 지지와 평가적 지지를 포함하는 개념으로 볼 수 있다. 정보적 지지는 지지망으로부터 정보, 충고, 지침 등을 제공받는 것으로, 받는 쪽에서는 배려와 관심의 표현으로 볼 수 있기 때문에 정서적 지지로 받아들일 수 있다. 따라서 정서적 지지와 정보적 지지는 이론적으로는 구분이 되나, 완전히 독립적인 차원으로 측정하기는 어렵다(Wills, 1985). 평가적 지지는 상대방을 수용한다는 느낌을 제공하고, 피드백을 주며, 자기 평가를 긍정적으로 하게끔 용기를 주는 기능을 한다(House, 1981). 자신이 수용된다는 느낌을 받고 긍정적인 피드백을 받는 것 또한 개인의 자아존중감을 향상시키며, 보호받고 사랑받고 있다는 것으로 해석될 수 있기 때문에 평가적 지지 역시 정서적 지지에 포함시켜 측정할 수 있다. 따라서 정서적 지지에 정보적 지지와 평가적 지지를 포함시킬 수 있다. 정서적 지지와 정보적 지지와 평가적 지지를 포함시킬 수 있는 근거로는 경험적 연구(Norbeck & Tilden, 1983; Schaefer, Coyne, Lazarus, 1981; Wethington, 1982)에서 이들 세 가지 유형의 지지 간의 상관관계가 높다는 것을 들 수 있다.

도구적 지지는 보조와, 직접적인 지지, 물질적 지지 등의 용어로 사용되는데, 가사나 아이 돌보기, 돈 빌려주기, 이동 도와주기, 세탁 해주기, 집 보기, 의류나 도구, 책과 같은 상품 제공하기 등의 광범위한 활동을 포함한다. 육체적으로 힘들고 병들었을 때 도구적 지지는 그 중요성이 더해지며 일상적인 상황에서도 도구적 지지는 업무량을 감소시켜주고, 여가활동을 할 여유를 주기 때문에 개인의 복지감을 높인다(Wills, 1985).

한편, 사회적 지지가 개인에게 이로운 영향만이 아니라 해로운 영향을 미칠 수도 있다는 사실이 여러 연구에서 밝혀지고 있으며, 최근에는 사회적 지지의 차원을 긍정적인 차원과 부정적인 차원으로 나누어 연구하고 있다(Rook, 1984; Rook, 1997). 이렇게 사회적 지지에 부정적인 요소가 포함되는 것은, 사회적 지지망이 지지를 제공하면서, 이와 동시에 정서적인 고통이나 디스트레스를 제공하기 때문인 것으로 해석할 수 있다(Wortman & Dunkel-Schetter, 1987). 구체적으로 부정적인 차원의 지지는 부정적인 감정을 표현하기, 의견이나 가치관에 대해 동의하지 않기, 감정을 드러내지 못하게 하기, 적절치 못한 충고를 하거나 유용한 정보에 접근하지 못하게 하기, 물질적 자원을 소비하게 하기, 고독감을 느끼게 하는 정보를 제공하기(Malone, 1988) 등으로 개인의 복지와 부정적으로 관련된다. 이러한 부정적인 차원의 지지는 환자나 노인과 같이 지지의 상호 호혜성이 떨어지는 경우 더욱 두드러진다(Antonucci, 1985; Belle, 1982; Caplan, 1979; Fiore, Becker, Coppel, 1983; House, 1981). 특히 긍정적인 지지보다 부정적인 지지가 노인들의 정신건강과 더 강하게 관련되어 있다는 일관성 있는 연구결과들은(Rook, 1997) 부정적인 차원의 지지를 간과할 수 없다는 사실을 시사한다. 따라서 사회적 지지의 기능은 긍정적인 차원과 부정적인 차원을 모두 고려해야 할 것이다.

이상을 볼 때, **사회적 지지의 기능은 '개인이 속한 지지망 구성원들 간에 지속적으로 주고받는 긍정적·부정적인 지지 행동'으로 정의할 수 있으며, 대체적으로 정서적 지지, 도구적 지지, 부정적 지지로 구분할 수 있다고 정의 내릴 수 있다.**

이러한 유형화에 덧붙여 사회적 지지를 측정할 때 고려해야 할 점으로, 사회적 지지를 이용가능성에 대한 지각(perceived support)으로 측정할 것인가 또는 실제 제공받고 있는 지지(actual support)로 측정할 것인가의 문제를 고려해야 한다(Krahn, 1993; Whethington & Kessler, 1986). 이용가능성에 대한 지각은 필요할 때 제공받을 것이라는 개인의 지각을 의미하는 것이고, 실제로 제공받은 지지는 사회적 지지망으로부터 충고나 도움, 애정 등을 실제로 제공받는 것을 의미한다. 사회적 지지를 지각으로 측정할 때 스트레스 완충효과가 발견되는 경향이 있다는 연구결과(Kessler & McLeod, 1985)가 보고됨에 따라, 많은 연구들이 사회적 지지에 대한 지각을 측정하는 경향이다(Cohen & Syme, 1985; Ell, 1996; Procidano & Heller, 1983; Sarason, Levine, Basham, Sarason, 1983; Sarason, Sarason, Pierce, 1990). 그러나 스트레스 상황에 처한 사람들의 경우, 현재의 상황을 개선하기 위해서는 실제로 제공받는 지지의 유형과 정도가 정신건강에 중요한 영향을 미친다(Choi, 1992). 그러므로 상황에 적합한 것이 다르며, 취약한 노인의 경우에는 지지에 대한 지각보다는 실제적인 서비스의 정도가 더 중요할 것으로 볼 수 있다.

3) 사회적 통합, 사회적 지지망, 사회적 지지 간의 관계

Gottlieb(1983)은 사회적 지지를 크게 정서유지, 문제해결, 개인적 영향력, 환경개입을 위한 지지적 행동유형으로 구분하고, 이에 수반된 세 가지 구조로서 사회적 참여 혹은 통합, 사회적 망에서의 상호작용 그리고 친밀한 동료관계에서의 자원에의 접근성을 설정하였다. Lin(1986)은 사회적 지지에 대한 개념화를 두 가지 방법으로 접근을 하였다. 첫 번째 접근은 초기 연구에 의한 것으로 사회적 지지와 지지망을 통합하고자 하는 시도였다. 통합적 접근에 의하면, 사회적 지지는 지역사회, 사회적 망 그리고 속사정을 나누는 사람에 의해 제공된 인지된 또는 실제의 도구적 및 표현적 지지이다. 사회적 환경과의 결합을 3개의 수준으로 구별하였는데, 이 3개 층은 각각 소속감, 유대감(bonding), 결속감(binding)을 의미한다. 또한 지지를 도구적 차원과 표현적 차원의 두 개의 커다란 범주로 구분하였는데, 도구적 차원은 목표(goal)에 도달하기 위한 수단으로써 사회적 관계를 이용하는 것이고, 표현적 차원은 목적(end)과 수단(mean)으로써 사회적 관계를 이용하는 것을 의미한다. 이러한 통합적 정의는 사회적 참여의 수준을 구분하고, 지지의 차원을 구분했다는 의미가 있다. Lin의 두 번째 접근은 사회적 자원 이론을 형성하는 것이었다. 그는 사회적 결합을 약한 결합과 강한 결합으로 나누고, 도구적 사회적 지지와 표현적 사회적 지지로 구분하였다. 도구적 사회적 지지는 약한 사회적 결합일 때 제공받기 쉬우며, 표현적 사회적 지지는 유사한 특성과 생활양식을 가지고 있는 밀도 높은 결합일 때 제공받기 쉽다. 따라서 정신건강을 유지하기 위해서는 강하고 동질적인 사회 결합에 접근하는 것이 유용하다.

　Vaux(1988)는 사회적 지지를 지지망의 자원과 지지적 행동, 지지적 평가를 포함하는 역동적인 과정으로 보았다. 지지망은 개인의 요구를 관리하고 목적을 이루기 위한 도움을 주고받는 사회적 망의 하위요소로서, 특정 발달적 전환 시기를 제외하고는 크기나 구성요소가 안정되며, 대개는 지지적인 관계를 이끌어 낼 수 있는 자원이다. 또한 지지적 행동은 자발적이든 요구에 의해서든, 도와주고자 하는 의도적 노력으로 행해지는 특정의 행동으로, 정서적, 피드백, 충고 / 지침, 실질적, 경제적 / 물질적, 사회화를 제공한다. 지지적 평가는 개인의 지지적 관계와 지지적 행동에 대한 지지적인 평가로 만족, 부양받는 느낌, 존경, 관계됨, 애착감, 소속감, 신뢰할 만한 결합(alliance)을 포함한다.

또한 박지원(1985)은 사회적 지지의 개념 차원에 사회적 지지망과 지지형태, 지지욕구를 포함시켰다. 사회적 지지망의 차원에는 사회적 망의 구조적 속성과 기능적 속성 그리고 지지형태의 차원에는 정서적 지지, 정보적 지지, 물질적 지지, 평가적 지지의 네 가지 지지행위를 포함시켰다. 그리고 지지욕구차원은 사회관계에서 느끼는 유대감, 사회생활에 대한 자신감으로 규정하였다. 이원숙(1995)은 사회적 지지에 관한 문헌고찰을 통해, 선행연구에서의 사회적 지지의 개념을 기본적 욕구충족, 지지적 행동, 기능적·구조적 특성으로 나누었는데, 여기서 지지를 기능적 특성과 구조적 특성을 모두 포함하는 정의는 통합적인 접근이긴 하나, 타당성이 크게 비판받고 있다고 주장하였다. 그러나 이원숙의 정의와 같이, 지지를 기능적 측면과 구조적인 특성을 모두 포함하는 것으로 보는 학자들은 사회적 지지를 광의의 사회적 관계로 보고, 하위영역으로 구조적 측면의 사회적 망과 기능적 측면의 사회적 지지를 포함시키고 있다. 즉 이원숙은 사회적 지지 개념의 분류과정에서 광의의 사회적 지지와 기능적 측면의 사회적 지지의 개념을 혼동하고 있는 것으로 보인다. 예를 들면 Gottlieb, Lin, 박지원은 사회적 지지가 사회적 망을 포함하는 개념으로 본 것이 아니라, 앞에서 언급한 바와 같이 사회적 지지의 하위영역으로 구조적 측면의 사회적 망과 기능적 측면의 사회적 지지로 본 것이기 때문에 이원숙(1995)이 사회적 지지의 개념으로 기본적 욕구충족과 지지적 행동, 기능적·구조적 특성으로 나눈 것에는 문제가 있다고 보인다.

요약하자면, 사회적 통합, 사회적 망이 사회적 관계의 구조적 측면으로 양적인 측면으로 개인이 사회와 통합하고 그 사회에 참여함으로써 얻게 되는 자원과 관련된다면, 지지의 기능적인 면은 사회적 관계의 질적인 면과 적절성과 관련되는 개념이라고 볼 수 있다. 따라서 사회적 지지를 연구하고자 할 때 지지의 이러한 세 가지 측면 모두에 관심을 가져야 할 것이다. 기능적 측면에 대한 연구는 지지의 구성요소에 대해 평가하게 하고, 망 구조에 관한 연구에서는 건강을 유지하고 위기에 반응하기 위한 융통성 있는 체계로서 사회적 환경이 어떻게 패턴화되어 있으며 조직화되어 있는가에 대한 정보를 제공해 줄 것이기 때문이다.

이러한, 사회적 통합, 사회적 지지망, 사회적 지지 간의 관계를 규정지으면, 사회적 관계는 사회적 통합, 사회적 지지망, 사회적 지지 순으로 범주화를 할 수 있겠다. 가장 큰 범주에 사회적 관계의 존재 유무인 사회적 통합이 있고, 중간 범주인 사회적 지지망에서, 가장 최소 범주인 사회적 지지를 제공한다고 결론 내릴 수 있다.

2. 사회적 지지의 효과를 설명하는 모델

1) 긍정적 사회적 지지의 효과

사회적 지지가 개인의 삶에 중요한 영향을 미친다는 사실이 일관성 있게 보고되고 있다. 그러나 어떠한 경로를 통해 개인의 삶에 영향을 미치는가를 설명하는 데 있어서는 학자에 따라 서로 주장하는 바가 다르나, 일반적으로 주 효과모델과 완충효과모델, 매개효과모델의 3가지 모델을 들 수 있으며, 이 모델들의 취약성을 보완한 대안적 모델들이 있다.

(1) 사회적 지지의 완충효과모델(Buffering effect model)

먼저 사회적 지지의 완충효과모델은 개인적인 이유든 상황적인 이유든 간에 사회적 지지에 대한 요구가 클 때, 사회적 지지가 복지감에 미치는 영향이 클 것이라고 가정하는 모델로 스트레스를 높게 경험할 때는 스트레스의 양을 감소시키지만, 스트레스가 없거나 그 수준이 낮을 때는 별로 중요한 역할을 하지 않는다고 가정한다(Cassel, 1974; Cobb, 1976; Gottlieb, 1983; Krahn, 1994). 즉 스트레스를 높게 경험할 때 사회적 지지의 중요성을 강조하고 있다(Maguire, 1983). 이 모델은 생애사건과 심리적 디스트레스 간의 상관관계가 낮고 (Kapla, 1994) 따라서 성격적 요인이나 사회적 요인에 의해 영향받았을 것이라는(Dohrenwend & Dohrenwend, 1981) 가정에서부터 발달된 모델이다.

사회적 지지의 완충효과를 확인하기 위해서 주로 다음 3가지의 전략들이 주로 사용된다(Gottlieb, 1983). 첫째, 변량분석으로, 사람들을 높은 스트레스 집단과 낮은 스트레스 집단으로 나누고, 사회적 지지가 높은 사람들의 건강 또는 적응 간의 관련성 및 사회적 지지가 낮은 사람들의 건강 또는 적응 간의 관련성을 분석하는 것이다. 이러한 연구방법을 사용한 연구에서는 스트레스와 지지 간의 유의한 상호 작용이 있음을 보여주고 있다. 둘째, 절차는 회귀분석을 이용하는 방법으로 건강과 관련된 변수를 종속변수로, 한두 개의 스트레스 × 지지 상호 작용변수를 예측변수로 이용하고, 스트레스 변수, 지지변수의 독립적 효과를 첨가하는 방식이다. 이 분석에서 스트레스 × 지지의 상호작용 변수가 유의하면, 사회적 지지의 완충효과가 있다고 본다. 세 번째 방법으로는, 통계적으로 가장 취약한 방법인데, 사회적 지지가 높은 집단과 낮은 집단에서의 스트레스와 건강 간의 zero-order 상관관계를 비교하는 절차이다. 이러한 방법을 이용하여 비지지적인 집단과 지지적인 집단 간에 스트레스-건강 상관관계 계수가 유의하게 차이가 나면 사회적 지지의 완충효과가 있다고 판단한다. 완충효과가 나타내는 의미는 높은 스트레스를 경험하고 있는 집단이 지역사회로부터의 지지가 부족하면 부적응이나 질병의 위험이 높다는 것을 의미한다.

그러나 사회적 지지의 스트레스 완충효과에 관한 연구결과들이 일관되지 않는다(Cohen & Wills, 1985; Thoits, 1982, 1985, 1986; Wilcox, 1981). 단지 실제적인 지지행동보다는 스트레스를 유발하는 사건이 발생했을 때 도와줄 수 있는 자원의 가용성(Cohen & Syme, 1985; Kessler & McLeod, 1985; Vaux, 1988)에 대한 개인의 지각으로 측정할 때 비교적 일관성 있게 나타난다고 볼 수 있다. 게다가 스트레스를 경험하고 있는 상황에서 지지의 완충효과가 명확하게 나타나지 않을 뿐 아니라, 심지어는 지지체계가 악화되는 경우도 보고되고 있다(Dunst 등, 1989; Wortman & Lehman, 1985). 이렇게 지지체계가 악화되는 경우는 노인이나 암환자의 연구에서 두드러지는데, 이는 결국 사회적 지지의 역기능을 의미하는 것이다.

(2) 사회적 지지의 주 효과모델(Main effect model)

사회적 망은 긍정적인 경험과 안정적이고 사회적으로 보상이 되는 역할을 제공함으로써 전반적인 복지감과 관련된다. 이렇게 긍정적인 관계를 갖는 것은 개인적인 상황이 예측 가능하고 안정적이라는 느낌을 제공하며, 자아가치를 인식시켜주기 때문이다. 사회적 망에의 통합 역시 부정적인 경험을 피해나가도록 도움을 준다. 이러한 견해는 '정규적인 사회적 상호 작용'이나 '사회적 역할에의 포함(embeddeness)'과 같은 사회학적 견해와, 사회적 상호 작용, 사회적 통합, 관계적 보상, 지위 지지와 같은 심리학적 견해로부터 개념화되었다(Cohen & Wills, 1985). 이러한 개념을 받아들여 형성된 사회적 지지모델이 '주 효과모델'이다.

사회적 지지와 스트레스 간의 관계를 중시한 '완충효과모델'과는 달리, 스트레스 그 자체는 아무런 역할도 하지 않는다는 것을 주장하고 있다. 이 모델에 의하면 단순히 사회적 지지를 많이 받는 사람이 그렇지 않은 사람에 비해 더 건강하다고 볼 수 있다(Kaplan, 1993). 따라서 사회적으로 고립된 사람이나 사회적 지지를 적게 받는 사람들은 질병에 걸릴 위험이 높고, 환경적 스트레스를 더 많이 경험하게 된다. 게다가 사회적 지지를 받지 못한다는 그 자체가 상당히 중요한 스트레스가 된다. 다른 사회적 연계를 통해 보상할 수 없을 때 지지적인 사회적 결합을 상실하게 되면, 건강이 악화될 위험이 크다(Gottlieb, 1983).

사회적 지지의 주 효과는 사회적 지지를 사회적 통합이나 사회적 지지망과 같은 구조적 특성으로 측정하는 경우에 주로 발견된다(Cohen & Wills, 1985). 예를 들어 친구의 숫자, 친구와의 외출 빈도,

교회 참석빈도, 가입단체의 숫자 등에서 주 효과를 예측할 수 있다 (Kessler & McLeod, 1985; Cohen & Syme, 1985).

사회접촉과 건강에 관한 여러 연구에서(Antonucci, 1990; Berkman, 1985; Berkman & Breslow, 1983; Berkman & Syne, 1979; Blazer, 1982; House, Robbins & Metzner, 1982; Seeman & Syme, 1987) 이 두 요인 간에 서로 관련되어 있음을 알 수 있다. Berkam과 Syme (Berkman, 1985; Berkman & Breslow, 1983; Berkman & Syme, 1979) 은 Alameda Country, California의 거주자들을 대상으로 하여, 9년간 사망률을 연구하였다. 결혼상태, 친한 친구/친족과의 접촉의 정도 (분석 시 3수준으로 분석함), 공식적/비공식적 집단에의 참석, 종교 집회의 참석을 조사하여, 이 자료들을 합쳐서 '사회적 망 지표'를 만 들었다. 연구결과 연령과 성에 관계없이 모든 집단에서, 사회적 접촉 이 가장 낮은 집단이 많은 집단에 비해 2배에서 4.5배 높은 사망률 을 나타내었다. 게다가 이 지표는 최초 건강상태, 사회경제적 수준, 예방적인 건강서비스의 이용을 통제한 이후에도, 사망률의 예측변인 이었다. 즉 사망의 위험 요인은 사회적 접촉을 하지 않는 것이었다.

또한 미시간주의 질병의 유병률과 사망률에 대한 연구(House, Robbins & Metzner, 1982)에서도 사회관계와 사회적 활동이 낮은 집 단에서 사망률이 증가함을 보여줬다. 이 연구는 10년간의 연구로 연 구 초기에 참가자들의 건강상태를 통제했으며, 사회적 지지와 복지 감 간의 관계는 단순한 상관관계라기보다 오히려 인과관계라고 밝히 고 있다. 또한 North Carolina(Blazer, 1982)의 연구에서는 65세 이상 인 노인들을 대상으로 연구한 결과, 앞의 2개의 연구와 마찬가지로, 30개월 동안 사회적 접촉이 낮은 남녀노인의 사망률이 점차로 증가 했다. 또한 몇몇의 연구들(Holahan & Moos, 1981; LaRocco & Johes,

1978)은 지지적인 사회적 관계와 적응 간의 직접적인 관계를 보여주고 있다. 그러나 주 효과모델에 대한 연구결과도 일관적이지 않다. 즉 지지와 증세 간의 명확한 관계가 나타난 연구도 있고, 그렇지 않은 연구도 있다(참고 Krahn, 1993).

(3) 사회적 지지의 매개효과모델(Mediating effect model)

사회적 지지의 매개효과모델은 스트레스 상황에서 사회적 지지의 정도가 감소하고 심지어는 지지체계가 와해되기도 한다는 점을 가정한 모델이다(Choi, 1992). 스트레스와 사회적 지지 간의 부적인 관계를 가정하고 있는 모델로, 아직까지 어떤 상황에서 잘 검증되는가에 대해 일관성 있는 보고는 없다. 지지망이 와해되고 사회적 지지가 감소한다는 매개효과모델의 가정을 볼 때, 사회적 지지의 구조와 기능에 모두 적용 가능하다고 볼 수 있다. 실증연구들에서 만성적인 질병이나, 장기간의 보호와 같이 지속적인 지지를 제공받는 경우 사회적 지지가 감소한다는 결과들이 보고되고는 있으나(Dunst 등, 1989; Wortman & Lehman, 1985) 이 연구들이 매개효과 자체를 검증했다고 보기는 어렵다.

학자에 따라서는 매개효과모델을 사회적 지지의 완충효과모델에 포함시키기도 하는데, 이런 견해를 가진 학자들(Lin, 1986; Lin & Dean, 1984; Kessler & McLeod, 1984)은 사회적 지지의 순기능, 즉 사회적 지지가 디스트레스를 감소시키는 측면에만 초점을 두어 완충효과로 보고 있다. 반면 최근의 학자들은(Vaux,1988; Wheaton, 1985) 매개효과모델에서의 사회적 지지가 궁극적으로는 스트레스가 디스트레스에 미치는 부정적인 영향을 증가시키기 때문에 매개효과모델을 완충효과모델로 볼 수 없다고 주장하며, 더 나아가 매개효과모델을 스트레스 악화효과모델로 간주하고 있는 학자(Ensel & Lin, 1991)도 있다.

따라서 매개효과모델은 사건이 반복적으로 발생하거나 만성화되면 사회적 지지망의 자원이 고갈되어 이 사회적 지지망으로부터 제공되는 사회적 지지가 감소하여, 오히려 사회적 지지가 개인에게 부정적인 영향을 미칠 수도 있다고 가정한다. 따라서 완충효과를 가지는 모델로 보기 어렵다.

(4) 대안적 모델

경험적 연구에서 사회적 지지의 효과를 설명하는 3가지 가설이 일관성 있게 검증되지 않는 것은 첫째, 이론적으로는 사회적 지지의 다양한 차원과 그 측정방법이 어느 정도 확립되어 있으나, 사회적 지지 이론을 실제에 적용하기에 적절한 측정도구가 부족하다는 점을 들 수 있다. 일반적으로 스트레스를 측정하기 위해 생애사건 체크리스트를 주로 사용하는데, 이 척도는 대인관계에서의 문제(부부관계, 부모-자녀관계에서의 문제)와 사회적 지지망의 와해(이사, 이혼, 별거, 가족의 죽음) 등을 측정하도록 구성되어 있다. 그런데 생애사건은 지지자원의 상실을 의미하므로, 스트레스척도와 사회적 지지척도가 사회적 지지망의 변화를 동시에 측정하는 문제가 있다(Cohen & Syme, 1985; Vaux, 1988).

둘째는 사회적 지지의 효과를 검증하는 가설들이 사회적 지지가 주어지는 다양한 상황을 고려하지 않았다는 것이다. 주 효과모델과 완충효과모델의 가장 주된 차이점은 스트레스를 고려하느냐의 문제일 것이다. 그런데 실생활에서 스트레스로부터 완전히 자유로울 수

있는 사람은 거의 없기 때문에(Vaux, 1988), 사회적 지지가 개인에
게 미치는 영향을 주 효과와 완충효과로 단정 지어 구분하기 어렵
다. 또한 스트레스를 고려할 때, 만성적인 스트레스와 사건적인 스트
레스로 구분하여 설명하지 못하고 있어 사회적 지지의 효과를 명확
하게 규명하지 못하고 있다.

셋째는, 사회적 지지의 완충효과에 대한 해석이 연구자마다 다르
다는 점을 들 수 있다. 스트레스와 사회적 지지 간의 상호 작용이
유의할 때만 완충효과가 있다고 해석하는 연구자가 있는 반면 스트
레스가 디스트레스에 미치는 직접효과와 사회적 지지를 통한 간접효
과를 합한 총 효과도 사회적 지지의 완충효과로 해석하는 연구자가
있다(Wheaton, 1985).

이러한 문제점들을 극복하기 위해서는 다양한 상황에서 적용할 수
있도록 사회적 지지의 효과모델들을 세분화시키고 이에 따라 각 상
황에 적합한 모델로 사회적 지지의 효과를 검증할 필요가 있다. 이
러한 필요에 맞는 모델들로는 Wheaton(1985), Lin(1986), Ensel과
Lin(1992)의 모델들이 있다.

① Wheaton(1985)의 모델

먼저, Wheaton(1985)은 선행연구들을 고찰한 결과, 사회적 지지의
완충효과모델을 상호작용효과에만 초점을 둔 연구들과 완충효과의
부가적인 형태까지도 완충효과모델에 포함시킨 연구들이 있다는 점
에 착안하여, 두 가지 형태를 포함한 완충효과모델을 제시하였다(그
림 1).

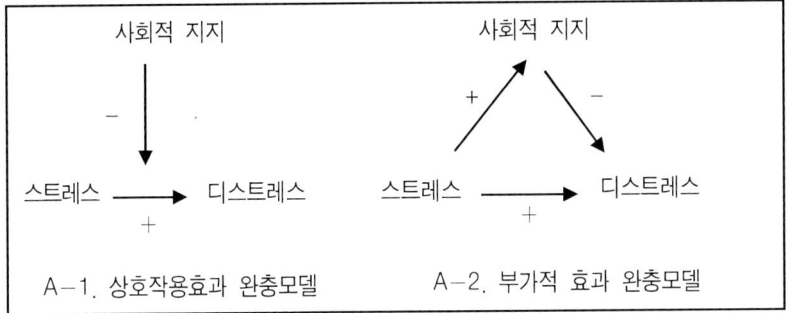

(그림 1) Wheaton의 2가지 완충효과모델

즉 완충효과모델에 상호작용효과 완충모델(interaction effect buffering model)과 부가적 효과 완충모델(additive effect buffering model 또는 억제효과모델)을 포함시켜 제시하였다. 이 두 가지 모델은 사회적 지지를 많이 받을 때, 스트레스의 효과가 감소한다는 것을 기본 가정으로 하고 있다. 상호작용효과 완충모델(A-1)은 사회적 지지가 스트레스의 영향력에 직접적으로 작용하는 경우를 설명하는 모델로 사회적 지지가 증가함에 따라 스트레스의 부정적인 영향력이 감소하는 것으로 가정한다. 반면 부가적 효과 완충모델에서(A-2)는 사회적 지지가 스트레스의 영향력에는 직접적으로 작용하지 않지만, 스트레스에 대한 대응으로 사회적 지지가 증가하고 이 증가한 사회적 지지가 디스트레스를 감소시켜주므로, 스트레스가 디스트레스에 미치는 직접효과와 간접효과를 계산하면 스트레스가 미치는 영향이 감소하는 것으로 나타난다고 가정하고 있다.

더 나아가 Wheaton(1985)은 지금까지 많은 연구들에서 스트레스 완충효과를 가지는 것으로 잘못 해석되어 온 비완충효과모델(그림 2)을 제시하였다. 물론, 이들 모델에서 사회적 지지가 디스트레스를 감소시키지 않는다는 것을 의미하지는 않으나, 그는 완충효과를 가지는 것으로 해석되어서는 안 된다고 주장하고 있다. 먼저, 중간적 설명변수로서의 사회적 지지모델(B-1)은 스트레스로 인해 사회적 지지가 감소하는 경우를 나타내는 모델로서 사실상 완충효과모델이라기보다는 매개효과모델이다. 스트레스 저지모델로서의 사회적 지지모델(B-2)은 사회적 지지가 스트레스에의 노출을 감소시키는 역할을 하는 경우를 설명한다. 사회적 지지의 완충효과는 스트레스의 영향을 감소시키는 것이지, 스트레스 자체의 발생을 저지하는 것은 아니라는 점에서 이 모델 또한 완충효과모델로 보지 않았다. 디스트레스 저지별로서의 사회적 지지모델(B-3)은 사회적 지지가 스트레스와는 독립적으로 디스트레스에 영향을 미치기 때문에 완충효과모델이라기보다는 주 효과모델로 볼 수 있다.

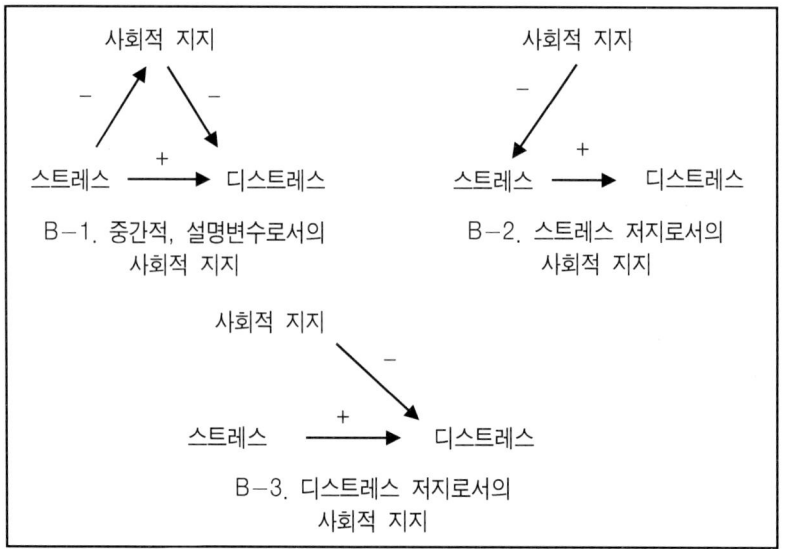

(그림 2) Wheaton의 3가지 비완충효과모델

이렇듯, Wheaton(1985)은 사회적 지지의 완충효과모델을 좀 더 다양하게 제시하였으나, 스트레스 상황에서 사회적 지지가 주어지며, 스트레스와 사회적 지지가 상호 작용하여 디스트레스에 긍정적인 영향을 미치는 경우로 한정하고 있다. 따라서 일반적으로 주 효과모델과 매개효과모델로 알려진 모델들을 완충효과모델에 포함시켜서는 안 된다는 주장을 하고 있다.

② Lin(1986), Ensel과 Lin(1991)의 모델

Lin(1986)은 사회적 지지가 개인의 심리적 복지에 영향 미치는 경로는 여러 가지가 있을 수 있다는 점을 지적하면서 12가지 모델을 제시하였다. 스트레스와 사회적 지지 간의 관계를 구체적으로 제시하는 데 초점을 두고, 사회적 지지가 스트레스에 선행하는 경우, 동시적으로 발생하는 경우 그리고 사회적 지지가 스트레스에 후행하는 경우로 가정하여 3개의 모델 군으로 나누었다. 그러나 사회적 지지와 스트레스가 동시에 주어지는 경우는 일반적이지 않고, 사회적 지지가 스트레스에 선행하는 경우는 사회적 지지의 완충효과모델의 기본 가정에 위배된다(Vaux, 1988). 또한 경험적 연구에서 Lin(1986)의 모델들이 검증되지 않고 있다는 취약점을 안고 있다.

이러한 취약점을 보완하여 Ensel과 Lin(1991)은 6개의 모델을 제시하였다. 크게 저지모델(deterring model)과 대처모델(coping model)로 나뉜다. 저지모델은 사회적 지지가 생애사건에 선행하는 경우를, 대처모델은 사회적 지지가 생애사건에 후행하는 경우를 가정하고 있다. 여기서 사회적 지지가 생애사건에 선행하는 경우는 완충효과모델의 기본 가정에 어긋나는 것이므로, 사회적 지지가 스트레스에 후행하는 경우를 가정하고 있는 대처모델을 살펴보겠다. Ensel과 Lin(1991)은 대

처모델을 다시 완충모델, 반작용모델, 악화모델로 세분화시켜 제시하였는데, 이 모델들은 Wheaton (1985)이 제안한 두 개의 완충효과모델과 매개효과모델이다. 즉 완충모델은 Wheaton(1985)이 제시한 상호작용효과 완충모델과 같은 형태이며, 반작용모델은 부가적 효과 완충모델과 같다. 악화모델은 일반적으로 알려진 매개효과모델과 같은 형태이다. 따라서 사회적 지지의 스트레스 완충효과는 Wheaton(1985)이 제시한 상호작용효과 완충모델과 부가적 효과 완충모델로 완충효과를 검증하는 것이 보편적이라고 할 수 있다.

(5) 긍정적 사회적 지지의 효과모델에 대한 결론

사회적 지지의 효과모델에 대한 이론적 논의를 종합하면, 사회적 지지의 효과는 주 효과와 완충효과, 매개효과로 구분할 수 있다. 긍정적인 효과는 주 효과와 완충효과로 검증이 가능하며, 완충효과 가설은 다시 완충효과모델과 억제효과모델로 세분화된다. 완충효과모델은 사회적 지지를 많이 받을 때 스트레스의 부정적인 효과가 감소한다는 점을 가정하고 있으며, 억제효과모델(그림 3-1)은 스트레스 상황에서 사회적 지지를 활성화시킴으로써, 증가한 사회적 지지가 스트레스의 부정적인 효과를 감소시킨다는 점을 가정하고 있다. 이 두 모델의 가장 큰 차이점은 사회적 지지가 스트레스에 대한 반응으로 제공되느냐의 여부이다. 다음으로 매개효과모델(그림 3-2)은 사건이 반복적으로 발생하거나 만성화되면 사회적 지지망의 자원이 고갈되어 이 사회적 지지망으로부터 제공되는 사회적 지지가 감소하여 오히려 사회적 지지가 개인에게 부정적인 영향을 미칠 수도 있다고 보았다. 그러나 긍정적인 차원의 사회적 지지를 제공받는 것이 개인에게 미치는 역기능적인 측면이나, 부정적인 차원의 사회적 지지가 개인에게 미치는 영향을 설명하는 모델은 발달되어 있지 않다.

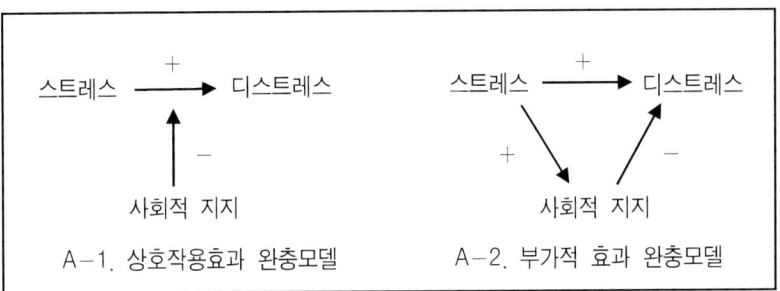

(그림 3-1) 사회적 지지의 긍정적 효과모델

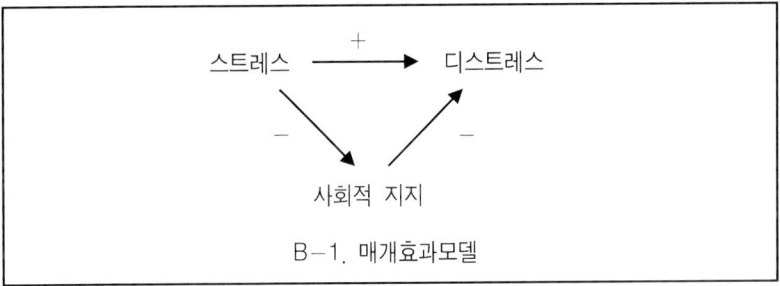

(그림 3-2) 사회적 지지의 부정적 효과모델

2) 부정적 사회적 지지의 효과(역기능)

사회적 지지가 개인에게 이로운 영향만이 아니라 해로운 영향을 미칠 수도 있다는 사실이 여러 연구에서 밝혀지고 있으며, 긍정적 사회적 지지의 역기능만이 아니라, 노년기의 부정적 사회적 관계를 측정함으로써, 긍정적 사회적 관계와 부정적 사회적 관계를 개별적으로 분리시켜 연구(Rook, 1984; Rook 1997)하기도 한다. 이렇게 지지가 부정적인 요소를 가지고 있는 것은, 사회적 결합이 지지를 제공하면서, 이와 동시에 정서적인 고통이나 디스트레스를 제공하기도 하기 때문이다(Wortman & Dunkel-Schetter, 1987). 즉 Belle(1982)의 주장에 의하면 '거부나 비참함, 부담스러운 의존, 고통의 대가' 없이 지지를 받을 수 없다는 점을 보여주고 있다. 좀 더 구체적으로 Malone(1988)은 사회적 지지의 부정적인 측면을 6가지로 요약하였다: 부정적인 애정 표현하기, 의견이나 가치관의 적절성에 대해 동의하지 않기, 감정을 개방하지 못하게 하기, 적절한 충고를 하지 않거나, 유용한 정보에 접근하지 못하게 하기, 물질적 자원을 소비하게 하기, 고독감을 느끼게 하는 정보 제공하기.

이와 같이, 제공하는 사람이나 제공받는 사람의 의도와는 상관없이 긍정적인 지지가 부정적인 영향을 미치기도 하며 또는 의도적으로 부정적인 지지를 제공하기도 한다는 것을 알 수 있다. 따라서 사회적 지지의 역기능은 긍정적 지지의 역효과와 부정적 지지를 모두를 포함하는 개념으로 정의 내리겠다.

또한 사회적 지지의 역기능은, 사회적 지지의 구조적인 면과(Wellman, 1981), 기능적인 면(Belle, 1982) 양쪽에서 모두 발견되는데 특히 환자나 노인과 같이 서로 간의 지지가 상호 호혜적이지 않는 경우, 사회적 지지의 역기능이 많이 발견된다.

먼저 사회적 지지의 구조적인 면에서 발견되는 부정적인 요소를 살펴보면 다음과 같다. 사회통합의 경우, 일반적으로 이롭다고 알려져 있으나 해로운 관계가 존재한다. 예를 들어 사회적 통합의 대표적인 '결혼'은 개인의 정신건강에 긍정적인 영향을 미치지만, 한편 가정주

부는 고독하고 자신만의 권한이 별로 없기 때문에 이러한 요소가 기혼여성들의 정서적 육체적 복지감의 부족의 원인이 된다(Bernard, 1979). 이에 덧붙여, 결혼과 같은 사회적 결합으로 인해 생기는 망(예를 들어 배우자의 가족, 배우자의 친구)은 자신이 선택한 것이 아니기 때문에, 그 자체로 문제가 있을 수 있다(Antonucci & Denper, 1982). 게다가 어떤 이유에서건 망의 희생양이 되는 사람이 있고, 지지망이 어떤 특정 개인에 대해 부정적인 라벨을 붙일 수도 있다. 또한 어떤 사건에 대해 그 개인이 속한 망이 의미를 부여하는 방식에 따라, 다른 망에서는 정상적일 수 있는 행동이 범죄로 낙인찍힐 수 있는데, 예를 들면 청소년 비행과 같은 것이 있다(Antonucci & Denper, 1982).

다음으로 사회적 지지의 역기능이 가장 두드러진 암환자에 대한 연구들을 보면 다음과 같다. 암에 걸렸을 때, 대인관계가 단절되는 것은 일반적인 현상인데, 이는 정서적으로 너무 힘들기 때문에 대화가 단절되기도 하고, 또한 환자에게 어떻게 반응해야 할지를 모르기 때문에 비언어적인 거부를 당하기도 하기 때문이다(Dunkel-Schetter & Wortman, 1982; Wortman & Dunkel-Schetter, 1979). 따라서 암환자에게 사회적 지지는 양가적이다. 즉 주변으로부터 제공되는 지지는 잠재적으로 암에 대한 적응을 돕는 아주 강력한 자원이면서 동시에 암이란 질병에 대한 반응은 지지의 제공을 방해한다(Coates & Wortman, 1980; Coates, Wortman, & Abbey, 1979). 이렇게 질병을 앓고 있는 사람들이 지지망으로부터 부정적인 경험을 얻게 되는 것은 자신의 속해 있는 집단의 사회문화적 고정관념과 자신의 처지가 동떨어져 있기 때문으로(DePaulo, 1982) 해석된다.

그렇다면, 누구로부터 지지가 노인에게 부정적인 영향을 미치는가? 많은 문헌들에 의하면, 환자나 노인에게 가장 중요한 지지원으로 알려진 일차집단, 즉 가족원들에 의한 지지가 부정적인 영향을 미친다는 것이 보고되고 있다. 실제로 가족원들은 부모나 자녀, 배우자에 의해 육체적, 정신적 학대를 당하는데, 이렇게 가족으로부터 학대를 당하는 경우 너무도 당황하고 두려워서 다른 친밀한 관계로부터의 지지를 구하지도 못하기 때문에 배로 어려움을 겪는다(Broene, 1982). 게다가 학대하는 사람들이 노인이나 환자를 잠재적인 지지원으로부터 고립시키기도 한다(Hiberman & Munson, 1977-78). 또한 자신들의 어려움을 친한 사람들에게 드러낸 경우, 가족원 간의 문제에 자신들은 외부인이라는 인식 때문에 별 도움을 제공하지 못한다. 특히 사회적으로 받아들이기 어려운 문제일 경우, 가족의 사적인 일이라는 견해 때문에 사회적 망이 사회적 복지를 제공하는 데 실패한다(Gottlieb, 1983).

따라서 어떤 경우에 사회적 지지가 지지수혜자에게 긍정적·부정적인 영향을 미치는가를 살펴봐야 한다. Fisher & Nadler(1982)에 의하면 다음 4가지 요소를 들었다. 첫째는 지지제공자의 특성으로, 모든 사람들이 좋아하고 존경하는 사람으로부터 지지를 받을 때, 지지수혜자의 반응은 긍정적이다. 둘째는 도움의 특성으로, 주어지는 도움의 양이 크고, 질이 좋고, 필요할 때 제공되는 경우, 긍정적인 반응을 일으킨다. 반면, 지지를 제공받음으로 인해 수혜자의 행동적 자유가 제한되거나, 보상이 저하되는 경우의 지지는 오히려 부정적이 된다. 셋째, 지지수혜자의 특성 역시나 지지에 대한 반응에 영향을 미친다. 예를 들어, 자존감이 높은 사람, 욕구 정도가 높은 사람은 지지에 대해 부정적인 반응을 보일 수 있다. 마지막으로 도움을 주고받는 상황적 특성으로, 지지가 상호 호혜적인가 또는 지지수혜자가 익명으로 남아 있는가 등의 상황이 지지에 대한 반응에 중요한 영향을 미친다. 따라서 이러한 요소들에 의해 같은 지지라 할지라도 지지수혜자들은 지지에 긍정적으로 또는 부정적으로 반응할 수 있다.

이렇게, 인간관계에 긍정적인 면과 부정적인 면이 공존한다고 할 때, 어떤 측면이 인간의 건강과 더 강한 연관이 있는가 역시 중요한 문제이다. 망을 부정적인 요소와 긍정적인 요소로 나누어 실시한 연구에서, 부정적인 요소가 긍정적인 요소에 비해 정신건강과 더 강하게 관련되어 있다는 극단적인 연구들도 있으나(Belle, 1982; Fiore 등, 1983; Rook, 1984; Hobfoll & Stephens, 1990), 대부분의 경우 지지를 교환함으로써 얻는 순 효과는 긍정적이나, 때로 망 구성원으로부터의 지지요구가 과도하거나 또는 부담스러울 때가 있다(Antonucci & Denper, 1982)는 좀 더 중간적인 연구결과들도 있다.

이러한 이유로, 사회 지지를 연구하고자 할 때, 지지의 긍정적인 면에서만 지지를 정의하는 것은 바람직하지 않다. 즉 대부분의 문헌들은 사회적 지지가 이롭다고 결론 내려서, 많은 연구자들이 사회적 지지를 긍정적인 측면에서만 정의 내리는 경향이 있으나, 이러한 정의는 언제, 어떻게 누구에 의한 지지적 사회관계가 스트레스의 적응에 도움이 되는가의 의문을 제기한다(House, 1981). 이처럼 사회적 지지가 이롭다는 가정은, 경험적 연구들에서 문제가 발생하므로 다시 고려되어야 한다(Antonucci, 1985; Caplan, 1979; House, 1981).

따라서 지지의 긍정적인 면과 부정적인 면을 사회적 지지의 정의와 측정에 반영해야 사회적 지지에 대한 완전한 정보를 얻을 수 있으며, 더 나아가 지지를 제공받아야만 하는 처지에 처한 사람들이나, 그들의 부양자들에게 좀 더 효과적인 정보를 제공할 수 있을 것이다. 또한 긍정적 지지와 부정적 지지 간의 관계를 살펴봄으로써, 지지의 어떤 측면이 개인의 정신건강에 강력한 영향을 미치는지, 혹은 부정적 지지가 긍정적 지지로 완화되는지에 대한 분석도 필요하다.

사회적 지지의 근간이 되는 이론들

몇 개의 서로 다른 사회심리학적 이론들이 대인관계의 지지적인 측면과 상당한 관련을 가지고 있다. 그러나 아래에서 소개할 이론들이 사회적 지지관계를 설명하기 위해 발달된 이론들이 아니고, 사회적 지지연구들이 항상 이론에 근거해서 연구 디자인되지 않았기 때문에(Wills, 1985) 사회적 지지 개념과 이론들 간의 관계는 직접적이라기보다는 어느 정도 간접적이며 따라서 본 장에서는 다음에 소개한 이론들과 사회적 지지간의 가능한 한 연계고리를 제시해 보고자 한다.

1. 애착이론

스트레스와 위험한 상황에서 주부양자(주로 어머니)와 가까이 있고자 하는 성향으로 조작적 정의된 애착은 그 개념이 좀 더 확장되

었고 최근의 경험적 연구들에서는 아동의 성장과 발달에 상당한 영
향을 미치는 것으로 나타나고 있다(Ainsworth, 1973; Gewirtz, 1972).
즉 애착은 Bowlby, Ainthworth에 의해 발달된 유아와 특정인간의 정
서적 유대로, Bowlby(1969)는 애착행동이 생후 초반, 어머니와의 접
촉을 유지하는 데 중요하다고 하였다.

애착이론은 Cicirelli 등의 학자에 의해 전 생애적 관점으로 확장되
었다. Cicirelli(1983, 1991)에 따르면, 성인기 애착은 두 가지로 설명
이 가능하다. 첫째, 애착대상과의 친밀감이나 접촉이 상징적 수준으
로 바뀌고, 둘째, 애착대상의 존재가 위험할 때, 애착대상을 보호하고
자 하는 보호행동체계가 발달하게 된다. 즉 정서적 안정의 제공, 부
양, 다른 형태의 도움행동을 통해서 애착대상의 상실을 지연시킨다.

또한 여러 학자들(Kahn & Antonucci 1980; Kalish & Knudtson,
1976; Lerner & Ryff, 1978)은 애착개념을 일생을 통한 대인관계 행
동, 주로 사회적 지지에 적용시켰다. 예를 들어, 어머니와 안정된 애
착을 가진 아동이 성인이 되면, 강력한 사회적 지지를 형성하며 스
트레스에 더 잘 대처한다(Kahn & Antonucci, 1980). 따라서 유아기
의 애착관계는 성인기의 지지적 상호 작용의 원형이자 예측변인이라
할 수 있다.

따라서 전 생애발달적인 애착은 인지된 지지며, 애착행동은 기능
적 측면의 사회적 지지의 정서적, 도구적 지지와 같은 맥락으로 볼
수 있다.

2. 귀인이론

위협적인 사건에 당면했을 때, 그 사건에 의미를 부여하고 사건에 대한 통제감을 갖는 것이 귀인이다. 따라서 어떤 사건이 일어났을 때, 내적 / 외적 요소의 상대적인 무게에 따라, 환경에 대해 이해, 예견, 통제하고자 하는 귀인을 형성하게 된다(Brickman 등, 1982).

귀인이론의 기본적인 가정들은 Heider(1958)에 의해서 시작되었고, Davis(1965)와 Kelley(1967)에 의해서 확장되었기 때문에, 귀인이론은 인지사회심리학자들의 연구 주제가 되어 왔다. 이러한 연구자들은 타인 행동의 원인을 어떻게 인식하고 그들 자신의 행동을 어떻게 해석하는가에 관해 관심을 가져왔다. 즉 귀인이론은 어떤 특정 환경에서의 인과관계를 개인이 어떻게 인식하는가가 그 사건에 대한 개인적 반응에 중요한 결정요소라고 가정한다(참고, Burger, 1981).

따라서 사건이 일어났을 때 사건 발생의 책임을 어디로 돌리는가를 보면 귀인과 사회적 지지 간의 연계를 찾을 수 있다. 먼저 책임소재에 대한 귀인성향 연구에서 Walster(1966; Burger, 1981재인용)는 특정 사건에 대한 책임에 귀인을 할 때 자기 방어적인 동기의 역할에 대해 설명하였다. 즉 심각한 사건이 발생할 경우, 인간에게는 그 불행한 사건을 통제할 수 있고 따라서 다음에는 사건을 피할 수 있다는 믿음이 필요하다. 이러한 동기 때문에 사건의 심각성은 그 사건에 대한 책임소재의 중요한 결정 요인이 되며, 심각한 사건이 자신의 잘못 때문이 아니라는 믿음이 생기면 사건의 결과가 좀 덜 심각하게 된다. 따라서 사건이 예견 가능하고 통제 가능한 것이라고 결론 내리고, 누군가 그 불행한 사건의 책임이 있다고 결정을 하면,

자신은 그러한 재난으로부터 다소간 피할 수 있다고 생각하게 된다. 또한 문제에 대해 통제 가능하다고 생각하게 되면, 대처능력이 향상되고 개인의 복지감이 향상된다(Brickamn 등, 1982). 예를 들어, 너 싱홈 거주자들은 자신의 환경이 좀 더 예견 가능하고 통제 가능하다고 믿게 되면, 그렇지 않은 집단에 비해 활동수준이 높고 건강상태가 좀 더 호전되는 것으로 나타났다.

또한 Shaver(1970; Burger, 1980 재인용)에 의하면, 사건을 저지른 사람과 자신이 상황적으로는 관련이 있으나 개인적인 특성상 비슷하다고 할 만한 근거가 없으면, 사건의 관찰자는 자신에게 어떤 피해가 있을 것이라는 것을 거부하게 되며, 사건이 심각할수록 사건을 저지른 사람의 책임이 더 크다고 귀인하는 경향이 강하다.

책임소재에 대한 귀인과 사회적 지지 간의 관계를 보면, 문제의 원인과 문제해결의 책임을 지지제공자나 지지수혜자 누구에게 돌리는가는 도움관계의 효과성에 영향을 미친다. 지지를 받는 사람이 지지를 제공하는 사람에게 사건의 결과에 대한 책임을 돌리면 도움을 좀 더 효과적으로 이용할 수 있고, 지지제공자는 자신이 사건의 결과에 책임이 있다고 보면, 좀 더 효과적으로 도움을 제공하게 된다. 또한 지지제공자의 동기에 대해 긍정적으로 귀인하거나, 자신의 문제를 자신의 성격적 결함과 같은 내부적인 요소가 아닌 외부적인 요소로 귀인하는 경우 주어지는 도움에 대해 좀 더 긍정적이라는 것이다(Karuza 등, 1982).

자신의 문제에 대해 지지제공자와 대화하는 것은 그 문제에 대해 공유하는 것이며, 귀인이론에 의하면, 부정적인 사건에 대한 인지된 심각성과 위협을 감소시키는 역할을 한다. 정보에 대한 의견일치는 도움추구행동을 용이하게 한다(Snyder & Ingram, 1983). 이때 정보에 대한 의견일치를 귀인이론의 요소로 볼 수 있고, 자신의 문제로 누군가와 대화를 하는 것은 정서적인 지지를 얻는 행위로 볼 수 있는데, 이렇게 정서적 지지와 귀인이론 간에는 서로 일맥상통하는 면이 있다.

그럼에도 사회적 지지학자들이 귀인의 문제를 간과하여, 사회적 지지와 도움추구 간의 다차원적인 차원을 정확하게 반영하지 못하고 있다.

3. 사회교환론

행동주의 이론들은 대인관계를 가치 있다고 생각하는 보상을 제공할 능력의 측면에서 보고 있다. 이 이론에 의하면, 보상을 많이 제공할수록 더 지지적인 관계가 성립된다고 할 수 있다. 또한 교환이론은 사회적 행동의 상호 호혜적인 보상을 강조하고 있다.

교환이론은 행동이론과 경제이론의 개념들을 합침으로 대인관계를 파트너 간에 보상이 교환되는 체계로 보고 있다(Wills, 1985). 이러한 관점에서 보면, 사회적 행동에 참여하게 되는 것이 보상이 되고, 상호 작용하는 각자에게 가치 있는 자원을 제공하게 될 수 있는 정도까지 사회적 관계가 발달되고 유지된다(Burgess & Huston, 1979).

보상에는 여러 가지 형태가 있는데, 체계 내에서 교환되는 보상에는 단순한 경제적인 물질에서부터 서비스와 같은 것, 호의와 같은 대인관계 보상, 지위향상과 같이 좀 더 일반적인 사회적 보상을 포함한다(Wills, 1985). Homans(1961)의 이론은 sociometry와 집단관계 연구에서 끌어왔는데, 이 이론 역시나 평등원리나 분배의 정당성을 포함하고 있으며, 상대방에게서 획득되어야 하는 보상은 자신의 투자와 비용에 비례한다는 것을 강조하고 있다. 보상의 개념을 확장시켜 Foa(1971)는 사랑, 지위, 정보, 물질, 서비스 등을 중요한 보상의 교환이라고 제안하였다. 그는 대인관계는 눈에 보이면서 보편적인 자원(물질, 서비스 등)의 교환에서부터 시작되나, 친밀한 관계는 상징적이고 특수한 교환(예를 들면, 애정의 교환)에 의해 두드러진다.

사회교환이론에서는 대인관계에 다음 여러 가지 단정을 하고 있다. 예를 들어, 교환에서의 공평성은 관계를 좀 더 만족스럽게 하며(Hatfield, Uton, & Traupmann, 1979), 서로 간에 자아노출을 하게 되면 대인관계를 좀 더 발전시킨다(Altman & Taylor, 1973). 또한 사회적 보상의 교환은 관계를 진전시킨다(Levinger & Huesmann, 1980). 이러한 이론에서 이끌어 낼 수 있는 것은 관계 내에서 상호 작용과 교환을 공유하는 것은 좀 더 많은 보상이 가능하다는 것만이 아니라, 상호 호혜적인 교환의 역사는 도움이 필요할 때 상대방에 대한 신뢰를 갖게 하기 때문에 지지적이 된다(Wills, 1985; Vaux, 1988)는 것이다.

또한 Foa & Foa(1980)은 자원이 완전히 상호 교환적일 수 없다고 제안하였다. 예를 들어 돈은 거의 모든 다른 자원과 교환이 될 수 있으나, 사랑은 사랑으로만 교환이 가능하다는 것이다. 자원의 상호 호혜적인 교환이나 공평성 등이 중요하나, 모든 자원을 맞바꿀 수 없다는 지적은 사회적 지지의 유형과 기능에서 고려되어야 할 점이라고 생각된다. 사회적 지지에서 애정적인 지지나, 확신의 교류 등 정서적인 측면의 지지는 도움이 필요할 때 반드시 정서적인 지지로

만 교환이 가능한가에 대한 의문이 생기게 한다.

교환론에 따르면, 자원이 많고 좋은 교환조건을 많이 가진 사람은 사회관계에서 유리한 반면, 제공할 것이 적고, 선택을 적게 할 수밖에 없는 사람은 만족스럽지 못한 관계에서 불리한 교환을 하게 된다. 또한 사회적 관계에서 얻는 이익은 다양하고, 특이하면서도 상황적인 가치를 가지고 있으며, 시간의 경과에 따라 상호 호혜성을 획득하게 되고, 이에 따라 사회적 관계가 발전되고 지속되게 된다(Vaux, 1988).

한편, Caplan, Cobb과 같은 초기의 사회지지이론가들은 사회적 상호 작용의 상호 호혜적인 질을 설명하기 위한 틀로서 사회교환이론의 구성요소를 사용하였다. 사회적 지지는 보조와 보호를 제공하는 것이기도 하나, 상호 호혜적인 것으로 가정되어져 온 개념이다. 예를 들면 Shumaker & Brownell(1984)은 사회적 지지를 '최소 2명 이상의 개인들 간의 자원의 교환'으로 정의 내렸다.

가족 사회학자들은 전통적으로 결혼관계에서의 만족이나 안정성을 설명하기 위해 사회교환모델을 이용하였고(Wills, 1985), 결혼관계에서의 지지가 부족한 것은 이혼의 예측변수가 된다고 보았다(Kitson & Sussman, 1982). 가족원이 질병에 걸렸을 때도 환자와 가족 간의 상호 호혜적인 교환이 중요하다. 즉 질병은 '가족의 평형'에 부정적인 영향이 미치는데, 아주 기능적인 가족이라 해도 가족구성원의 질병이나 손상으로 인해 지나치게 일방적인 관심과 지지를 제공해야 한다면 가족에게 스트레스를 주게 되고, 이는 가족 붕괴의 원인이 된다(Gottlieb, 1981). 실제로, 많은 가족들은 가족구성원의 심각한 질병, 이혼, 별거 등으로 인한 손상을 견디어 내지 못한다. 따라서 가족에게 해로운 영향이 미치기 때문에, 가족 역시나 환자로부터 사회적 지지를 필요로 하게 된다(Caplan, 1979). 가족이 환자에게 제공하는 사회적 지지는 어느 정도 자신들이 받는 지지의 정도에 따라 결정되기도 한다. 따라서 환자는 자신이 질병으로 고통받고 있음에도 불구하고, 자신을 지지하고 있는 사람들에게 정서적인 보답을 하는 것이 중요하다. 심각한 질병을 겪고 있는 환자들을 대상으로 한 상담이나 회복 프로그램들은 평형(eguity)과 상호 호혜성에 초점을 두고 있다(Gottlieb, 1981).

교환론은 지지적 행동과 기능을 의미하는 사회적 지지와 잘 맞는 개념을 가지고 있다. 단기간의 물질적 교환이나, 장기간의 심리사회적 교환 모두 지지적 행동으로 볼 수 있다.

4. 사회비교론(social comparison theory)

사회심리학 문헌들을 보면 인간의 다양한 반응들을 보게 된다. 예를 들어, 위협적인 상황에 직면하게 되는 사람들은 위협에 처한 다른 사람들과 연합을 형성하게 되는 경향이 있고(Schater, 1959), 보상이 동일한 집단의 사람들은 아주 불행한 구성원이 포함되어 있는 집단에 비해 덜 만족하는 경향이 있다(Brikman, 1975). 이러한 경향들은 사회비교이론을 이용해서 해석할 수 있다.

사회비교이론은 Festinger(1954)에 의해 시작되었는데, 그는 사람들은 자신의 수행과 견해를 다른 사람과의 비교를 통해 자신이 처한 사회적 현실(social reality)에 대한 자신의 생각을 타당화하고자 하는 동기를 가지고 있다고 지적하였다. 사회적 비교는 유사한 다른 사람과의 비교를 통해, 자신의 특성, 행동, 견해, 능력에 대한 정보를 수집하고 자신을 평가하려는 성향으로 이러한 평가는 자아개념에 영향을 미친다. 사회비교에서 상향비교와 하향비교 두 가지가 있다.

먼저 상향비교(upward comparison)는 자신보다 대처를 더 잘하는 사람들과 비교를 하는 것으로 초기 사회비교이론은 상향비교에 관한 것이었고, 스트레스를 받지 않는 사람들을 대상으로 한 실험연구(참조, Gruder, 1977)에서 유래되었다. 그러나 상향비교이론은 스트레스를 받고 있으며, 아주 다른 유형의 비교를 보여주는 사람들에게는 적합하지 않다는 단점이 있다(참조, Wills, 1981).

이와 달리, 하향비교(downward comparison)는 스트레스하에 있는 사람이 자신보다 못한 사람과의 비교를 통해 자존감이 향상된다는 것이다. 이 이론은 공포결연 효과(fear-affiliation effect)와, 자신의 자존감 보호를 위해 어떤 특정인을 희생시키기와 같은 분야에 적용되어져 왔다. 하향비교이론에서는 좌절감이나 불운과 같은 상황을 어떤 도구적인 행위를 통해서 바꿀 수 없다고 전제한다. 그러한 상황에서 개인의 주관적인 복지감은 떨어지게 되고, 따라서 어떻게 자신의 복지감을 회복할 수 있는가가 문제가 된다. 이때 문제의 해결안으로 사람들은 자신보다 더 열악한 상황에 있는 사람과 비교를 함으로써 자신의 상황이 좀 더 낫다고 느끼게 된다. 실제 연구들에 의하면, 하향비교는 디스트레스 감소에 효과적이다(Wills, 1985). 또한 사람들은 비교가 자신들에게 불리할 경우 사회적 비교를 거부하는 경향이 있고, 또한 자신들과 유사한 사람들보다는 유사하지 않은 사람들과 비교하기를 선호하며, 상향비교보다는 하향비교를 선호한다(Brikman & Bulman, 1977).

한편, 비교대상에 따라 대상에 대한 태도가 달라진다. 잘 모르는 사람을 표적대상으로 한 연구에서는, 사건의 결과가 아주 나쁠 경우, 표적대상에 대해 태도가 나빴고, 친한 사람이 표적대상일 경우, 사건의 결과가 나빠도 그 사람에 대한 태도는 긍정적이었다(Wills, 1981). 이러한 경향은 사회적 지지의 지지원과 연결해서 설명할 수 있겠다. 암환자의 경우 '나는 당신의 기분을 이해합니다'라는 말을 동료 암환자가 했을 경우는 지지적이라고 인지되나, 건강한 사람이 했을 경우에는 오히려 혼란이 가중된다는 지적이 있었다. 이는 바로 동료 암환자와는 특히 자신보다 상태가 더 악화된 환자라면, 하향비교로 안정될 수 있으나, 건강한 사람의 경우, 자신이 하향비교의 대상이 되어 자아존중감을 떨어뜨리기 때문이라고 할 수 있겠다.

이렇게 사회비교이론은 대인관계에서 제공되는 인지적 지지를 통해 이론적인 메커니즘을 제공하고 있다(Wills, 1985). 사회적 지지의 평가적 지지, 가치의 확신, 존중적 지지, 피드백 기능은 사회적 비교이론의 개념과 유사하다. 즉 사회비교이론, 교환이론과 사회적 지지이론과의 관련성은 파트너와의 비교나 자원의 교환이 지지적인 관계를 불러일으킨다는 것이다. 이 이론들은 동료로부터 받은 도움에 대한 긍정적, 부정적 반응을 해석할 때 사용 가능하다. 사회비교이론은 사회적 지지의 피드백기능에 대한 초기 견해를 강화시키며, 자아존중감 태도에 영향을 미쳤다고 볼 수 있다.

5. 아노미 이론

　　현대사회학의 초기 연구 중의 하나가 사회적 결합(tie)의 중요성에 관한 것이다(Vaux, 1988). 자살에 관한 고전적인 연구에서, Durkheim (1897, 1951)은 사회적 결합의 감소와 사회적 역할, 규범 소멸의 중요성을 강조하면서, 아노미가 자살로 이끈다고 주장하였다. 실제로, 사회역학적 자료에 의하면 사회적 결합이 약한 집단에서 자살이 가장 널리 퍼져 있었다.

　　무규범상태(normlessness)라고도 불리는 anomie는 일찍이 Durkheim(1933)이 제시한 개념으로, 그는 아노미를 사회구조의 결속력과 규제력이 결여되어 있거나 또는 집단과 개인 간의 통합이 일반적으로 결핍되어 있는 사회적 조건으로 묘사하였다(장상희, 1988 재인용). Durkheim의 아노미 개념에 기초하여 Murton(1968)은 아노미를 문화적 목표와 이를 성취하기 위한 제도적 수단 간에 심각한 괴리가 있을 때 발생하는 문화구조의 붕괴상태로, 사회적 통합은 개인을 무규범 상황으로부터 보호해 준다는 기본적인 아이디어에 기초하여 아노미를 개념화하고 있다. 따라서 아노미란 한 규범에의 동조가 다른 규범을 위반하는 것이 될 정도로 규범들이 서로 모순적이고 갈등적이어서 규제력이 약화된 상태이다(장상희, 1987). 그런데 이러한 개념들은 모두 개인적 차원의 심리상태가 아닌 사회구조적 차원의 조건을 의미하고 있으며, 사회적 통합과 규범적 규제는 사회질서와 직결되어 있음을 알 수 있다.

　　그러나 규범의 규제력이 약화된 이러한 구조적 상황에 대응하고 적응해 나가는 것이 결국 개인이므로, 이러한 사회적 조건은 개인의 심리적 차원과 연결될 때 의미가 부각된다. 따라서 아노미에 대한 경험적 분석을 위해서는 객관적 측정 못지않게 주관적 경험에 대한 측정이 중요시된다. 이러한 맥락에서 Srole(1956)은 사회적 환경에 대한 개인의 인지에 기초한 아노미 척도를 처음 개발하였다. 그리고 그 이후 많은 다른 학자들에 의해 개인의 주관적 경험에 바탕을 둔 아노미에 대한 척도들이 개발되었는데(참고, Robinson & Shaver, 1973; 장상희, 1988 재인용), 이러한 척도들은 모두 개인의 불안감, 규범에 대한 판단의 불명확성 및 목적의식을 잃어버린 심리상태 등을 나타내는 문항들로 구성되어 있다. 그러므로 개인적 차원의 아노미란 개인이 아노미 상황에 처해 있을 때 느끼는 이러한 감정 및 태도, 즉 아노미 심리상태를 의미한다.

가족분야에서는 아노미 개념이 주로 결혼과 연관하여 연구되어 왔다. Durkheim(1951)은 결혼은 사회통합을 위해 필요한 것으로 가정하였다. 결혼은 사회와 개인을 결속시키고 이러한 결속은 아노미 상황으로부터 개인을 보호해 준다는 것이다. 즉 결혼이 사회적 통합을 가져오는 중요한 경로라는 점을 부각시켰다.

장상희(1988)는 주부의 역할부재와 아노미, 결혼만족도와의 관계연구에서, 역할수행을 독립변인으로, 결혼만족도를 매개변인으로, 아노미를 종속변인으로 두고 연구하였다. 연구결과, 결혼만족도와 아노미는 부적관계로 결혼의 정서적 측면이 높을 때 아노미가 낮아지며, 역할부재는 아노미를 높이는 역할을 한다. 모든 변인들 중에서 사회봉사단체 참여도가 중년 주부들의 결혼만족도를 높여주고, 아노미를 감소시키는 가장 중요한 요인으로 나타났다. 또한 노인들의 자아통합과 아노미와의 관계를 연구한 이정연(1988)의 연구에서는 자아통합감과 아노미는 일방적인 관계가 아닌 쌍방적인 관계로 서로 부적인 관계가 있는데, 자아통합이 아노미에 미치는 영향이 더 큰 것으로 나타났다. 또한 배경변인들(가정의 월수입, 성역할정체감, 가족관계 만족도) 중 가족관계 만족도만이 아노미와 부적인 관계로 가족관계 만족도가 높을수록 아노미 정도가 낮아진다.

따라서 아노미는 사회적 통합과 관련된 개념이라고 할 수 있다.

사회적 지지의 측정[1]

1. 사회적 지지의 구조적 차원(사회적 관계망)

사회적 지지의 구조적 차원인 사회적 관계망은 관계망의 크기 및 구성, 주 의논대상자와의 관계, 주 의논대상자와의 접촉빈도 및 상호 작용 기간으로 측정한다. 사회적 관계망의 크기는 가족, 친척, 친구, 이웃을 대상으로 노인들이 도움을 받는 사람들의 수를 쓰게 하며, 그 수를 합산하여 분석에 이용하면 된다. 주 의논대상자는 어렵고 힘들 때 주로 찾아가는 사람이며, 그 사람과의 지난 한 달간의 접촉빈도와 그 사람과의 상호 작용 기간을 측정한다(표 1).

사회적 지지의 구조적 차원인 사회적 통합의 경우는 사회인구학적 특성과 중복되기 때문에 따로 언급하지 않겠다.

---

1) 김윤정(2000). 사회적 지지관점으로 본 가족부양이 노인의 정신건강에 미치는 영향, 이화여자대학교 박사학위논문.

〈표 1〉 사회적 지지의 구조적 차원 측정

---

* **지난 한 달간** 귀하에게 중요한 일이나 문제가 있을 때, **함께 의논하고 도움을 주셨던 분**과 관계있는 문항입니다.

1. 중요한 일이나 문제가 있을 때 함께 의논하고 도움을 주셨던 분들은 모두 몇 분 정도입니까?

　　가족 (　　　　)명, 친구 (　　　　)명,

　　이웃 (　　　　)명, 친척 (　　　　)명

2. 위에서 언급한 사람들 중에서 중요한 일이 있을 때 가장 많은 도움을 준 분은 누구입니까?

　　1) 배우자　　2) 장남　　　　3) 장남 이외의 다른 아들

　　4) 장녀　　5) 장녀 이외의 다른 딸　　6) 손자

　　7) 형제 또는 자매　　　　8) 큰며느리

　　9) 큰며느리 이외의 다른 며느리　10) 친척　　11) 친구

　　12) 간병인　　13) 병원, 요양소, 양로원 등의 관계자

　　14) 이웃　　15) 기타

3. 주로 도움을 받는 분을 생각하면 질문에 응답해 주십시오.

　　3-1. 어디에 사십니까?

　　　　1) 함께 산다.　2) 같은 동네에 산다.　3) 같은 구에 산다.

　　　　4) 같은 시내에 산다. 5) 지방에 산다.　6) 국외에 산다.

3 - 2. 같이 살지 않으면 한 달에 몇 번 정도 만나십니까?

　약 (　　　　　)번

3 - 3. 도움을 받는 사람과는 얼마나 친한 관계입니까?

　1) 전혀 친밀하지 않다.　2) 별로 친밀하지 않다.

　3) 그저 그렇다.　　　　4) 비교적 친밀한 편이다.

　5) 매우 친밀하다.

3 - 4. 가족이 아니라면 얼마나 오랜 동안 알고 지내십니까?

　(　　　　　)년

3 - 5. 도움에 대한 만족도

　1) 전혀 만족스럽지 않다.　2) 비교적 만족스럽지 않다.

　3) 그저 그렇다.　　　　　4) 비교적 만족스럽다.

　5) 매우 만족스럽다.

2. 사회적 지지의 기능적 차원(사회적 지지)

사회적 지지는 긍정적인 차원과 부정적인 차원으로 나누어 측정할 수 있다.

'긍정적인 차원의 사회적 지지'는 노인이 대인관계망으로부터 실제로 제공받고 있는 다양한 도움의 기능을 묻는 문항들로, 사회적 지지와 부양행동에 관한 선행연구들(김윤정, 최혜경, 1993; 박지원, 1985; 이행규, 1996; 최혜경, 김윤정, 1997)에 근거해서 총 44문항의 예비조사가 구성되었다. 구체적으로 '나는 용돈을 충분히 받고 있다, 나의 잔심부름을 해 준다, 함께 있으면 친밀감을 느끼게 해 준다, 나를 인격적으로 존중해 준다' 등으로 '전혀 그렇지 않다(1점)'에서 '자주 그렇다(5점)'의 5점 척도로, 점수가 높을수록 긍정적인 부양행동을 많이 제공받는 것을 의미한다.

사회적 지지 문항을 구성하기 위해 최혜경 등(1998, 1999)의 요인 분석 결과에 근거하여 다음 2단계의 작업에 따라 문항을 선별하였다. 두 연구(최혜경 등, 1998, 1999)에서 모두 선별된 17문항을 선정하고, 나머지 문항 중에서 다른 요인과 .30 이상으로 걸리는 문항을 제외한 9문항이 선정되었다. 따라서 44문항 중 총 26문항이 긍정적 차원의 부양행동 문항으로 선정되었다(표 2).

'**부정적인 차원의 사회적 지지(이하 부정적 서비스)**' 문항은 Rook (1984)의 '문제가 있는 사회적 결합(problematic social tie)'과 Vaux 등(1986)의 망정향척도(network orientation scale)에 근거하여 구성되었다. Rook(1984)의 문제가 있는 사회적 결합척도는 5문항으로 문제를 일으키는 사람의 이름을 쓰게 하는 척도이며, Vaux 등(1986)의 망정향척도는 총 20문항으로 지지망에 대한 긍정적인 태도 문항(13문항)과 부정적인 태도 문항(7문항)으로 구성되어 있으며, '동의하지 않는다(1점)'에서 '동의한다(4점)'까지의 4점 척도이다. 이 두 척도의 문항 중 한국 상황에 맞는 8문항을 선별하였고, 또한 '문제가 생기면 내 탓이라고 한다', '마음에 상처가 되는 말이나 행동을 한다' 등의 4문항을 추가하여 총 12문항으로 구성하였다. 긍정적 사회적 지지척도와 일관되게 '전혀 그렇지 않다(1점)'에서 '자주 그렇다(5점)'까지의 5점 척도로 재구성하였으며, 점수가 높을수록 부정적 서비스를 많이 제공받는다고 할 수 있다(표 2).

노인이 부양자로부터 받는 긍정적·부정적인 차원의 사회적 지지 38개 문항들의 평균 및 표준편차는 비교적 고르게 나타났으나, 문항 간에 상관관계가 높게 나타났다. 따라서 다중공선성을 보이는 문항들을 제외하고, 1, 3, 4, 5, 6, 7, 8, 10, 11, 12, 14, 16, 17, 20, 21, 22, 23, 24, 25, 26, 27, 28, 29, 32, 36, 37, 38의 27개 문항을 선정하여 요인 분석을 하였다.

아이겐 값을 기준으로 요인 분석을 한 결과 사회적 지지 5개의 요인으로 나타났으나, 하위 요인 간 상관관계가 .34에서 .65로 높게 나타났기 때문에, 사회적 지지의 이론에 근거하여 요인을 3개로 지정하여 다시 요인 분석하였다. 그 결과 긍정적 차원의 사회적 지지 2요인과 부정적 서비스 1요인으로 분류되었으며, 3개의 사회적 지지 하위 요인이 약 57% 정도의 설명력을 가진다. 이 과정에서 요인부하량 값이 .4 이하이거나, 다른 요인과 .4 이상으로 걸리는 4문항과 타당성이 떨어지는 5개의 문항을 제외하여, 총 18문항이 최종적으로 선별되었다(표 3). 긍정적인 차원의 사회적 지지는 정서적 지지와 도구적 지지로 나누어졌다.

'정서적 지지' 요인에는 친밀감, 존중 등과 관련된 정서적 지지와 노인이 현실에 적응하고, 결단 내릴 수 있게 자극하는 정보적 지지가 포함되었다. '도구적 지지'는 부양자로부터 받는 구체적이면서도 실제적인 보조들이다. 청소, 빨래, 집안일 등을 대신해 주거나, 식사나 세수, 목욕 등을 도와주는 것으로, 노인이 기능 취약성으로 인한 욕구를 충족시키기 위해 부양자로부터 과업중심적인 지지를 제공받

는 것을 의미한다. '부정적서비스'는 노인이 부양자로부터 부정적이
면서 스트레스가 되는 지지를 제공받는 것을 의미한다. 각 요인들의
내적 일치도를 보기 위해 Cronbach의 alpha 계수를 측정하였다. 정
서적 지지는 .89, 도구적 지지는 .84, 부정적 서비스는 .82로 높은 신
뢰도를 나타냈다.

하위 요인들의 독립성을 살펴보기 위해 요인 간 상관관계 분석을
한 결과, 정서적 지지와 도구적 지지, 부정적 서비스 간의 상관관계
가 .34에서 .47로 나타나서, 각 하위 요인이 상관이 있으면서 비교적
독립적이라고 할 수 있다. 이렇게 하위 요인 간에 중간 정도의 상관
관계가 존재하는 것은 대부분 동거(80%)하는 한 가족원으로부터 지
지를 제공받기 때문으로 한 차원의 지지에 다른 차원의 지지가 수반
된다고 할 수 있다. 또한 부정적 서비스와 정서적 지지는 -.38, 부
정적 서비스와 도구적 지지는 -.34로 나타났는데, 긍정적인 차원의
사회적 지지와 부정적인 차원의 사회적 지지 간에 상관관계가 높지
않다는 선행연구들(참고, Rook, 1997)과 일치한다고 할 수 있다. 따
라서 사회적 지지를 3개의 하위 요인으로 나누어 측정하고 분석하는
데 무리가 없을 것이다.

〈표 2〉 사회적 지지의 기능적 차원의 측정

* 다음은 **귀하를 주로 돌봐 주는 부양자**가 귀하에게 제공하는 도움에 관한 문항들입니다. **지난 한 달 동안** 해당되는 곳에 표시해 주십시오.

	전혀 그렇지 않았다	비교적 그렇지 않았다	그저 그랬다	비교적 그랬다	매우 그랬다
1. 내가 몸이 아플 때 의료비를 별도로 주었다.					
2. 내 의복을 사 주었다.					
3. 내 생활용품 등을 사 주었다.					
4. 내가 외롭지 않게 방문하거나 이야기를 나눠주었다.					
5. 내가 어려운 일이나 괴로움이 생겼을 때 조언을 주거나 문제를 해결해 주었다.					
6. 내가 즐겁도록 바둑이나 장기 등 함께 오락 시간을 가졌다.					
7. 내게 시사적인 얘기나 최근의 뉴스를 이야기해 주었다.					
8. 내 식사준비, 청소, 빨래, 집안일 등을 해 주었다.					
9. 나의 잔심부름을 해 주었다.					
10. 내가 외출할 때 동행해 주었다.					
11. 나와 외식을 해 주었다.					
12. 내가 친목회 등의 모임에서 시간을 보낼 수 있도록 배려해 줬다.					
13. 내가 가족에게 필요한 가치 있는 존재라고 느끼게 해 주었다.					
14. 함께 있으면 친밀감을 느끼게 해 주었다.					
15. 나의 문제를 기꺼이 들어주었다.					
16. 나는 배울 점이 많은 존경할 만한 사람이라고 느끼게 해 주었다.					
17. 직접 도움을 줄 수 없을 때는 다른 사람을 보내서라도 나를 도와주었다.					
18. 나를 인격적으로 존중해 줬다.					

	전혀 그렇지 않았다	비교적 그렇지 않았다	그 저 그랬다	비교적 그랬다	매우 그랬다
19. 내가 몰랐던 사실을 일깨워 주고 확실하게 해 주었다.					
20. 내가 결단을 못 내리고 망설일 때 결단을 내리게끔 자극을 주고 용기를 주었다.					
21. 내가 현실을 이해하고 사회생활에 적응할 수 있게끔 도와주었다.					
22. 내가 필요로 하는 물건이 있으면 언제라도 빌려 주었다.					
23. 내가 몸져누워 있을 때 일을 대신해 줬다.					
24. 내 기분이 언짢을 때 내 감정을 이해하고 기분을 전환시켜 주려고 노력했다.					
25. 나의 식사, 세수나 목욕, 용변, 취침 또는 집안에서의 거동을 도왔다.					
26. 영수증처리(공과금 납부 등), 현금관리 등을 도왔다.					
27. 밖에서 내 흉을 봤다.					
28. 도와주겠다고 하고서는 도와주지 않았다.					
29. 나를 짜증나고 화나게 했다.					
30. 문제가 생기면 내 탓이라고 했다.					
31. 나를 전혀 이해해 주지 않았다.					
32. 내 마음에 상처를 주는 말이나 행동을 하였다.					
33. 무언가 부탁하기 어렵게 했다.					
34. 내 속마음을 털어놓기가 어려웠다.					
35. 내 의견에 반대했다.					
36. 함께 있기가 불편했다.					
37. 나를 외롭고 쓸쓸하게 했다.					
38. 다른 사람으로부터 도움을 받지 못하게 막았다.					

〈표 3〉 사회적 지지의 요인분석 및 신뢰도

요인		문 항 내 용	요인부하량			신뢰도
			요인 1	요인 2	요인 3	
긍정적인 차원의 사회적 지지	정서적 지지	6. 내가 즐겁도록 바둑이나 장기 등 함께 오락 시간을 가졌다.	.775	−.009	−.090	
		11. 나와 외식을 해 주었다.	.685	−.028	−.050	
		5. 내가 어려운 일이나 괴로움이 생겼을 때 조언을 주거나 문제를 해결해 주었다.	.664	−.223	.286	
		14. 함께 있으면 친밀감을 느끼게 해 주었다.	.662	−.318	.295	
		4. 내가 외롭지 않게 방문하거나 이야기를 나눠 주었다.	.661	−.172	−.374	
		21. 내가 현실을 이해하고 사회생활에 적응할 수 있게끔 도와주었다.	.659	−.215	.243	
		16. 내가 배울 점이 많은 존경할 만한 사람이라고 느끼게 해 주었다.	.630	−.314	.209	
		7. 내게 시사적인 얘기나 최근의 뉴스를 이야기해 주었다.	.629	−.100	.274	
		12. 내가 친목회 등의 모임에서 시간을 보낼 수 있도록 배려해 주었다.	.627	−.024	−.021	
	도구적 지지	25. 나의 식사, 세수나 용변, 취침 또는 집안에서의 거동을 도왔다.	.105	.810	−.131	
		8. 내 식사준비, 청소, 빨래, 집안일 등을 해 주었다.	.053	.804	−.044	
		23. 내가 몸져누웠을 때 나의 일을 대신 해 주었다.	.156	.760	−.223	
		26. 영수증 처리, 현금관리 등을 도왔다.	.180	.655	−.062	
		22. 내가 필요로 하는 물건이 있으면 언제라도 빌려 주었다.	.332	.644	−.194	
부정적인 차원의 사회적 지지	부정적 서비스	38. 다른 사람으로부터 도움을 받지 못하게 막았다.	−.059	−.115	.808	
		32. 마음에 상처가 되는 말이나 행동을 했다.	−.205	−.207	.785	
		28. 도와주겠다고 하고서는 도와주지 않았다.	−.076	−.199	.775	
		27. 밖에서 내 흉을 보았다.	−.387	−.078	.648	

  이렇게 개발된 측정도구를 노인에게 보다 편리하게 사용하기 위해 문항을 축소시키는 작업을 하였다. 즉 사회적 관계망은 크기, 거리, 만남 빈도, 전화 빈도, 친밀감에 대해서 자녀, 친척, 이웃/친구별로 각기 질문을 하였고(표 4), 사회적 지지는 김윤정(2000)의 연구에 기초하여 8개의 문항을 선별하였다. 여기서는 부정적 서비스는 제외하였다. 각기 정서적 지지 2개, 서비스적 지지 3개, 경제적 지지 2개로 구성하였다. 본 설문지가 사용된 선행연구(김윤정, 2007a. 2007b.; 배상희, 2007; 안기선, 김윤정 2006)에서 신뢰도가 .80 이상으로 상당히 높은 신뢰도를 나타냈다.

  특히 사회적 지지의 경우는 사회적 지지의 교환(주고받은 정도를 묻는 문항으로 전환)이나 부양서비스를 측정할 때도 같은 문항을 이용할 수 있다는 이점이 있다.

〈표 4〉 사회적 관계망과 사회적 지지의 측정

> 귀하에게 중요한 일이나 문제가 있을 때, **함께 의논하고 도움을 주셨던 분**과 관계있는 문항입니다.

		자녀	친척	이웃 / 친구
1. 문제가 있을 때 의논하고 도움을 주신 분은 몇 명 입니까?				
2. 어디에 사십니까?	① 이웃에 산다.			
	② 같은 지역(섬)에 산다.			
	③ 다른 지역(섬)에 산다.			
	④ 외국에 산다.			
3. 한 달에 몇 번 정도 만나십니까?		번	번	번
4. 한 달에 몇 번 정도 전화하십니까?		번	번	번
5. 친하십니까?	① 전혀 친하지 않다.			
	② 친하지 않다.			
	③ 보통이다.			
	④ 친하다.			
	⑤ 매우 친하다.			

1. 위의 사람들 중에서 중요한 일이 있을 때 가장 많은 <u>도움을 준 분</u>은 누구입니까?

   ① 배우자   ② 장남   ③ 장남 이외의 다른 아들

   ④ 장녀   ⑤ 장녀 이외의 다른 딸   ⑥ 손자

   ⑦ 형제 또는 자매   ⑧ 큰며느리

   ⑨ 큰며느리 이외의 다른 며느리   ⑩ 친척   ⑪ 친구

   ⑫ 간병인   ⑬ 보건기관이나 사회복지공무원   ⑭ 이웃

2. 가장 많은 도움을 준 분을 생각하면서 지난 <u>한 달 동안 도움을 받은</u>
   <u>정도</u>에 표시해 주십시오.

	전혀 그렇지 않았다	비교적 그렇지 않았다	그저 그랬다	비교적 그랬다	항상 그랬다
1. 외로울 때 의지하기					
2. 어려운 일이나 괴로움이 생겼을 때 조언 을 해 주거나 문제를 해결					
3. 함께 식사를 하거나 오락 시간 갖기					
4. 집안일이나 장 볼 때 도와주기					
5. 아플 때 간호해 주기					
6. 식사, 세수나 목욕, 용변, 취침 또는 집안 에서의 거동을 돕기					
7. 생활비나 용돈 주기					
8. 급한 돈이 필요할 때 빌려 주기					

노년기 사회적 지지와 정신건강간의 관계에 대한 실증연구1

가족부양이 장기요양보호노인들의 정신건강에 미치는 영향[2]

The effects of family caregiving on mental health of the elderly with ADL disability

1. 서 론

급속한 고령화를 경험하고 있는 사회에서 직면하게 되는 여러 문제 중 하나는 와병노인의 절대적·상대적인 수가 증가하고

2) 김윤정, 최혜경(2001), 가족부양이 장기요양보호노인들의 정신건강에 미치는 영향, 한국노년학, 21(2), 99-112.

있으며, 이에 따라 이들 노인에 대한 부양이 하나의 사회문제화 되고 있다는 점이다. 우리나라의 경우도 다른 고령화 사회의 관심과 마찬가지로 노인들을 위한 장기 부양에 대한 관심이 증가하고 있으며, 사회에 의한 공적 부양보다는 가족원에 의한 사적 부양에 더 많은 관심이 주어지고 있다.

노인부양과 관련해서 부양을 제공하는 부양자가 어떠한 스트레스를 경험하고 있는가 또는 부양자들의 스트레스를 감소시키는 변인들에는 어떠한 것들이 있는가를 규명하는 연구가 대다수를 이루고 있다. 이처럼 부양과 관련된 연구들이 부양자의 삶에 주된 관심을 둔 것은 부양을 받는 노인들이 당연히 가족부양을 선호할 것이며, 가족부양이 노인들의 삶에 이로울 것이라는 사회적 가정이 내포되어 있기 때문이라고 볼 수 있다. 이런 이유로 부양의 또 다른 축인 노인의 삶이 학계나 사회적 관심에서 제외되어 왔다.

부양과 관련된 연구들이 부양자의 입장에서 노인에 대한 부양이 부양자의 삶에 미치는 영향을 규명한 연구라면, 사회적 지지와 관련된 연구들은 노인의 입장에서 노인이 주변 대인관계망으로부터 제공받는 다양한 서비스가 노인의 삶에 어떠한 영향을 미치는가에 관심을 두고 있다. 따라서 노인이 가족으로부터 받는 서비스가 노인들의 삶에 미치는 영향을 파악하기 위해서 사회적 지지의 개념과 효과모델을 가족부양에 적용시키는 것이 적절하다고 할 수 있다.

본 연구는 사회적 지지의 개념과 효과모델을 가족부양에 적용하여, 노인들이 가족원으로부터 어떠한 서비스를 제공받고 있으며 이러한 서비스가 어떠한 경로를 통해 노인들의 정신건강에 영향을 미치는가를 파악하고자 한다. 가정에서 동거나 별거하는 가족을 주부양자로 인식하고, 부양자로부터 다양한 부양을 제공받고 있는 장기

요양보호노인들을 대상으로 하여 가족부양과 노인의 정신건강 간의
관계, 즉 가족부양의 구조적인 측면 및 기능적인 측면과 노인의 복
지감 및 우울감 간의 관계를 규명하는 것을 목적으로 한다.

2. 이론적 배경

1) 노인들의 정신건강

정신건강은 정신질환의 유무를 지칭하기 위한 정신병리학적인 개
념에서 출발하였다. 그러나 최근에는 정신건강을 정신병리학적 측면
만이 아니라 긍정적인 측면에서도 보는 경향이다. 긍정적인 측면에
서 정신건강을 연구하는 학자들은 주로 자아의 기능이나 환경에의
적응 등을 측정하고 있다(고성희, 1990). 노인의 정신건강과 관련된
연구들에서도 우울감과 같은 부정적인 측면과 더불어, 노인의 심리
적 복지감 등 정신건강의 긍정적인 차원에도 관심을 두고 있다
(Roberts, Dunkel, Haug, 1994). 이러한 맥락에서 본 연구에서도 장기
요양보호노인들의 정신건강의 긍정적인 차원만이 아니라 부정적인
차원도 동시에 고려하겠다.

2) 가족부양의 구조적 측면과 기능적 측면

김윤정과 최혜경(2000)은 여러 학자들의 이론을 빌어, 가족부양이 노인의 정신건강에 미치는 경로를 설명하기 위해 사회적 지지의 관점에서 가족부양의 개념을 구체화하였다. 사회적 지지가 구조적인 측면과 기능적인 측면으로 구분되듯이 가족부양도 구조적인 측면과 기능적인 측면으로 구분하였다. 가족부양의 구조적 측면은 사회통합과 부양망으로 구분된다. 노인의 사회통합은 배우자가 있는가, 자녀와 동거하는가 등과 같이 사회관계의 존재나 유무를 의미하는 개념이다. 부양망은 주부양자, 가족이나 친척, 친구 등을 포함한 부양망의 크기, 접촉빈도 등을 의미하는 개념이다.

가족부양의 기능적인 측면은 장기요양보호노인들이 가족부양자로부터 제공받는 다양한 부양행동들로 정서적 부양행동, 도구적 부양행동, 정보적 부양행동, 사회활동적 부양행동 등을 의미한다.

한편, 노인이 제공받는 사회적 지지나 부양이 노인의 정신건강에 긍정적인 영향을 미친다는 이제까지의 가정과는 달리, 부양이 노인에게 항상 긍정적인 영향을 미치는 것만은 아니라는 사실이 밝혀지고 있다(김윤정, 최혜경, 2000 b). 노인이 부양자에게 육체적, 경제적, 심리적으로 의존적인 경우, 이러한 의존은 부양자에게 과도한 부담이 되고, 따라서 적절한 부양을 제공하지 않는 소극적인 형태의 학대에서부터 상당히 심한 형태의 학대까지도 나타난다는 것이다. 특히 부양자에게 의존적인 취약노인들의 경우, 부양자와의 관계에서 부정적인 상호 작용을 경험하거나 더 나아가서는 학대나 홀대와 같은 부정적인 부양도 제공받을 것이며, 이러한 부정적인 부양행동은 노인의 삶의 질에 심각한 영향을 미칠 것이라고 예측할 수 있다. 따라서 가족부양의 기능적인 측면에는 정서적 부양행동이나 도구적 부양행동과 같은 긍정적인 차원만이 아니라, 부양자가 노인에게 제공하는 부정적인 부양서비스나, 노인과 부양자 간의 부정적인 상호 작용과 같은 부정적인 차원의 부양행동이 포함되는 포괄적인 것으로 개념화되어야 한다(김윤정, 최혜경, 2000 a).

이처럼 가족부양이 구조적인 측면과 기능적인 측면으로 구분된다고 할 때, 가족부양의 어느 측면이 노인의 삶과 더 큰 관련이 있는가가 중요한 문제이다. 일반인을 대상으로 한 연구에서는 부모자녀 간의 정서적 유대와 같은 기능적인 측면이 부모자녀 간의 동거여부와 같은 구조적인 측면보다 중요하다는 연구(Shanas, 1979)가 있는 반면 사회참여가 사망률에 가장 중요한 변인이라고 보고한 연구(Sugisawa 등, 1994)도 있어 일관성이 없다. 그러나 장기요양보호노인을 대상으로 한 연구들(Revicki & Mitchell, 1990; Krause, 1995)은 사회참여여부나 다른 사람과의 접촉빈도보다는 사회적 지지의 기능적 측면이 노인의 정신건강과 더 큰 관련이 있다고 밝히고 있다. 종합하면, 일반노인과 달리 장기요양보호노인들의 정신건강에는 가족부양의 구조적인 측면보다는 실제적인 부양행동이 더 중요하다는 것을 예측할 수 있게 한다.

실제적인 부양행동이 가족부양의 구조적인 측면보다 노인들의 정신건강에 더 중요한 영향을 미친다면, 본 연구에서는 장기요양보호노인들이 가족으로부터 제공받는 부양행동이 장기요양보호노인의 정신건강에 어떠한 영향을 미치는가를 검증해 보고자 한다. 즉 가족부양이 장기요양보호노인의 정신건강을 향상시키는 역할을 하는지 또는 가족부양이 장기요양보호노인의 정신건강을 악화시키는 역할을 하는가를 규명하고자 한다.

가족부양이 장기요양보호노인의 정신건강을 향상시키는 역할은 상호작용효과 완충모델을 통해 검증될 수 있다(Wheaton, 1985). 반면, 가족부양이 장기요양보호노인의 정신건강을 악화시키는 역할은 상호작용효과 악화모델(김윤정, 최혜경, 2000 a)을 통해 검증이 가능하다(그림 1). 상호작용효과 악화모델은 스트레스와 사회적 지지 간의 상호 작용의 방향이 완충효과와는 반대의 방향으로 나오는 경우에, 스트레스가 디스트레스에 미치는 영향이 사회적 지지로 악화되었다고 해석한 연구들(Krause, 1997; Krause & Liang, 1993; Revicki & Mitchell, 1990)에 근거하였다.

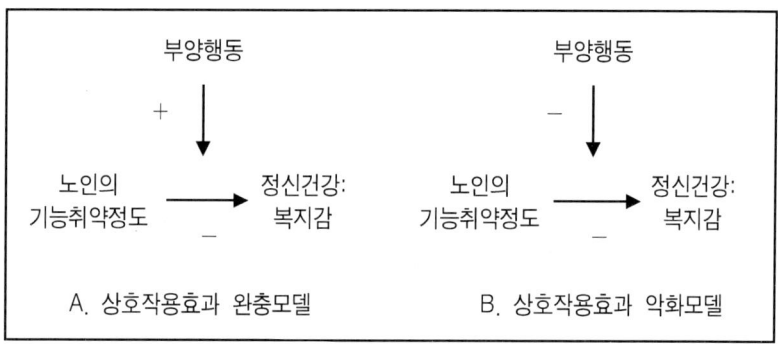

주: 정신건강 중 복지감을 중심으로 제시함.
　　우울감의 경우는 부호가 반대방향으로 모두 바뀜

(그림 1) 부양행동이 노인의 정신건강에 미치는 경로

위와 같은 이론적 근거에 따라 본 연구에서는 구체적으로 다음과 같은 연구가설을 검증하고자 한다.

연구가설 1. 가족부양의 구조적인 측면보다는 가족부양의 기능적인 측면인 부양행동이 장기보호요양노인의 정신건강과 더 큰 관련이 있을 것이다.

연구가설 1이 지지되면, 연구가설 2-1과 2-2를 통해 부양행동이 장기요양보호노인의 정신건강에 미치는 경로를 파악하고자 한다.

연구가설 2-1. 장기요양보호노인이 제공받는 긍정적인 차원의 부양행동(정서적 부양행동, 도구적 부양행동)은 기능취약정도가 장기요양보호노인의 정신건강에 미치는 부정적인 영향을 완충할 것이다(그림 1. A)

연구가설 2-2. 장기요양보호노인이 제공받는 긍정적·부정적 부양행동(정서적 부양행동, 도구적 부양행동, 부정적 부양행동)은 기능취약정도가 장기요양보호노인의 정신건강에 미치는 부정적인 영향을 악화시킬 것이다(그림 1. B)

3) 용어의 정의

1) 장기요양보호노인: Kempman과 Suurmeijer(1990)의 ADL / IADL 척도의 점수가 60점(21점~105점까지의 분포를 가짐) 이상인 노인들로, 일상생활에서의 불편을 해결하기 위해 장기간 부양자로부터 부양을 받아온 노인들이다.

2) 가족부양의 구조적 측면: 장기요양보호노인의 사회통합과 부양

망을 모두 포함한다.

3) 가족부양의 기능적 측면(부양행동): 장기요양보호노인이 가족부양자로부터 제공받는 다양한 부양행동들로 정서적 부양행동, 도구적 부양행동, 정보적 부양행동, 사회활동적 부양행동, 부정적 서비스, 부정적 상호 작용 등 가족부양의 긍정적인 측면과 부정적인 측면 모두를 의미한다.

3. 연구방법

1) 연구대상3)

본 연구는 1999년 3월에서 5월에 가정에서 동거하거나 또는 동거하지 않는 가족원에 의해 부양을 받고 있는 장기요양보호노인의 가정에서 직접 인터뷰를 통해 자료가 수집되었다. 설문조사는 인구비례에 근거(통계청, 1997)하여, 서울 49%, 수도권 15%, 부산 14%, 대구 9%, 광주 5%, 대전 8%에 할당하여 총 300부를 배부하였다. 전체 275부가 회수(회수율 91.6%)되었는데, 이 중에서 ADL / IADL 점수가 43점에서 59점까지인 24부를 제외하고, 총 251부가 최종 분석에 이용되었다.

---

3) 본 연구는 최혜경 등(1998)의 '부양지표개발'을 위한 연구의 2차년도 자료 중 가족원에 의해 부양되는 장기요양보호노인을 대상으로 한 자료만을 분석하였다.

이 노인들의 기능취약점수는 5점 만점에 3.8점(표준편차 .60)이며, ADL / IADL 척도 21문항 모두에 비교적 불편을 겪는다고 응답한 노인도 32.2%에 달하고, 총점이 105점인 노인도 9명이 포함되어 있어, 본 연구의 대상자를 장기요양보호노인으로 분류하는 데 무리가 없을 것으로 보인다.

장기요양보호노인의 평균 연령 74세이며, 대부분이 여자노인(70.9%)이다. 노인의 가정소득은 평균 224만 원이며, 소득원은 주로 자녀(82.5%)이다. 가족부양의 구조적인 측면을 보면, 배우자가 없는 노인이 64.5%로 반수가 넘는다. 노인단독세대인 경우가 19.6%이고, 아들과 동거하는 경우가 반수가 넘는다. 부양망 크기는 평균 4명이다. 부양망의 구성을 보면, 가족만으로 구성된 경우가 47.8%, 가족과 친구, 이웃, 친척 등 가족과 그 외의 사람들이 망에 포함된 노인은 39.8%이며, 가족원이 전혀 포함되지 않는 경우는 12.4%이다.

2) 측정도구

본 연구의 설문지는 장기요양보호노인의 사회인구학적 특성변인과 기능취약정도, 가족부양의 구조적인 특성과 노인이 부양자로부터 받는 부양행동에 관한 질문 그리고 노인들의 정신건강에 관한 질문으로 구성되어 있다. 각 질문지의 문항들은 '전혀 그렇지 않다(1점)'에서 '매우 그렇다(5점)'로 이루어진 척도들로, 각 특성이 높을수록 높은 점수로 평가되었다.

노인의 기능취약은 Kempman과 Suurmeijer(1990)에 의해 개발된 척도로, 문항 간 상관관계 분석 결과 다중공선성을 보이는 문항을 제외하고, 17개의 문항의 합산점수를 노인의 기능취약점수로 분석에 사용하였다(Cronbach's α= .91).

가족부양의 구조 중 사회통합은 노인의 배우자 유무나 부양자와의 동거여부, 종교 등으로 측정하였으며, 부양망은 부양망의 크기 및 구성, 주 의논대상자와의 관계, 주 의논대상자와의 지난 한 달간의 접촉빈도 및 상호 작용기간으로 측정하였다. 부양망의 크기는 가족, 친척, 친구, 이웃을 대상으로 노인들이 도움을 받는 사람들의 수를 쓰게 하였으며, 그 수를 합산하여 분석에 이용하였다. 부양망의 구성은 가족, 친척, 친구, 이웃이 부양망에 포함되어 있는가를 의미한다.

가족부양의 기능적인 측면인 부양행동은 총 38문항이다. '긍정적인 차원의 부양행동'은 최혜경 등(1998)의 요인분석결과에 근거하여 26문항을 선별하였다. '부정적인 차원의 부양행동' 문항은 Rook(1984)의 '문제가 있는 사회관계(problematic social tie)'와 Vaux(1986)의 망 정향척도(network orientation scale)에 근거하였으며, '문제가 생기면 내 탓이라고 한다.', '마음에 상처가 되는 말이나 행동을 한다.' 등의 4문항을 추가하여 총 12문항으로 구성하였다. 부양행동 척도를 재구성하기 위해 다중공선성을 보이는 문항들을 제외하여 27개 문항을 선정하여 요인분석을 하였으며, 요인분석결과 총 18문항, 3개의 하위 요인으로 분류되었다. 각각의 요인은 정서적 부양행동(Cronbach's α= .89), 도구적 부양행동(Cronbach's α= .84), 부정적 부양행동(Cronbach's α= .82)이다.

노인의 정신건강을 측정하기 위해 복지감과 우울감 척도를 사용하였다. 정신건강의 긍정적인 차원은 Kessler(1985)의 복지감 척도이며, 부정적인 차원은 SCL-90의 하위척도 중 우울감으로 Choi(1992)가 번역한 척도이다. 복지감은 다중공선성을 보이는 한 개의 문항과 신뢰도에 문제가 생기는 한 개의 문항을 제외하고, 4개의 문항의 합산 점수를 노인의 복지감 점수로 분석에 사용하였다(Cronbach's α = .83). 우울감도 다중공선성을 보이는 문항을 제외하고, 나머지 7개 문항의 합산점수로 노인의 우울감을 분석하였다(Cronbach's α = .83).

수집된 자료는 SPSS 10.0을 이용하여 빈도분석, 신뢰도분석, 상관관계분석, 요인분석, 변량분석, 중다회귀분석 등을 적용하여 분석하였다.

4. 연구결과 및 해석

1) 가족부양의 구조 및 부양행동과 장기요양보호노인의 정신건강과의 관계

연구가설을 검증하기에 앞서, 본 연구에서 사용된 변수들의 특성과 변수들 간의 상관관계를 간략히 설명하면, 장기요양보호노인이 부양자로부터 제공받는 정서적 부양행동은 3.33점, 도구적 부양행동은 3.96점으로 중간 이상의 부양행동을 제공받고 있으며, 부정적 부양행동은 2.13점으로 평균치보다 낮다고 볼 수 있다. 장기요양보호노인의 복지감은 2.62점으로 중간 정도이며, 우울감은 3.02로 중간 이상이다. 또한 각 변수 간의 상관관계를 간략히 살펴보면, 장기요양보호노인이 부양자로부터 정서적 부양행동을 많이 받을수록 복지감이 높고(r=.313 p<.001) 우울감이 낮으며(r=−.187, p<.01), 부정적 부양행동을 많이 받을수록 복지감이 낮고(r=−.136, p<.05), 우울감은 높은 것(r=.301, p<.001)으로 나타났다. 그러나 도구적 부양행동과 노인의 정신건강 간의 관계는 유의한 관계가 발견되지 않았다.

다음으로 연구가설을 검증한 결과, 연구가설 1이 지지되었다.

1단계에서는 노인의 성, 연령과 교육, 가정소득, 기능취약정도가 노인의 정신건강에 미치는 영향을 분석하고, 2단계에서는 가족부양의 구조변인들, 3단계에서는 부양행동(정서적 부양행동, 도구적 부양행동, 부정적 부양행동) 변인을 각각 첨가하였다. 1단계와 2단계에서 사용된 변인들은 상관관계 분석과 변량분석에서 노인의 정신건강 유의한 관계를 보인 변수들이다.

먼저 장기요양보호노인의 복지감에 미치는 영향을 살펴보겠다(표 1). 배경변인과 노인의 기능취약은 노인의 복지감을 27% 정도 설명하며, 가족부양의 구조변인들은 전체 설명력을 0.9% 증가시켰고, 부양행동 변인들은 노인의 복지감에 미치는 전체 설명력을 9.8% 증가시켰다. 3단계의 회귀분석에 포함된 전체 13변인은 노인의 복지감을 37.7%를 설명한다. 각 단계마다 노인의 기능취약의 상대적 영향력이 가장 큰 것으로 나타났으며, 배우자 유무나, 자녀와의 동거여부, 부양망의 크기, 부양망의 구성은 노인의 복지감에 유의한 영향을 미치지 않았다. 부양행동 중 정서적 부양행동만이 노인의 복지감에 유의한 영향을 미치는 것으로 나타났다.

노인의 우울감에 미치는 영향력도 노인의 복지감에 미치는 영향력과 유사하다(표 1). 3단계의 위계적 회귀분석에 포함된 13개의 변인은 노인의 우울감을 27.7%를 설명하는 것으로 나타났으며, 기능취약과 부정적 부양행동의 설명력이 큰 것으로 나타났다. 장기요양보호노인의 가족부양의 구조변수는 노인의 우울감에 유의한 영향을 미치지 않았으며, 부양행동 변인 중 부정적 부양행동만이 노인의 우울감에 유의한 영향을 미치는 것으로 나타났다. 기능취약의 설명력은 각 단계마다 유의하였다.

전체적으로 가족부양의 구조는 장기요양보호노인의 복지감과 우울감에 유의한 영향을 미치지 않았으나 부양행동의 영향력은 유의하게 나타났다. 더 나아가 부양행동 변인들 중 정서적 부양행동은 노인의 복지감에 유의한 영향을 미치고, 부정적 부양행동은 노인의 우울감에 유의한 영향을 미치는 것으로 나타났다. 이러한 결과는 기능취약 노인들에게는 실제로 제공받는 부양행동이 중요하며, 노인이 제공받는 부양행동과 노인의 정신건강은 각기 같은 차원과 관련된다는 것을 의미한다. 그러나 도구적 부양행동은 노인의 복지감에 유의한 영향을 미치지 않았다.

표 1과 표 2를 보면 노인의 복지감에는 노인의 연령이, 노인의 우울감에는 교육과 소득이 유의한 영향을 미치는 것으로 나타났다. 따라서 기능취약과 노인의 정신건강 간의 관계에서 부양행동의 효과에 대한 가설을 검증하기 위해서 이 세 변인을 통계적으로 통제하였다.

⟨표 1⟩ 가족부양의 구조와 부양행동이 장기요양보호노인의 정신건강에 미치는 영향

⟨N = 251⟩

	복지감			우울감		
	B(β)a	B(β)	B(β)	B(β)	B(β)	B(β)
1단계: 배경변인 및 기능취약						
성[1]	−.067 (−.039)	−.059 (−.034)	−.030 (−.018)	−.109 (−.066)	−.105 (−.064)	.155 (−.094)
연령	−.014 (−.152)*	−.013 (−.140)+	−.010 (−.113)	.002 (.024)	.000 (.009)	−.006 (−.063)
교육	−.005 (−.015)	−.001 (−.004)	−.020 (−.063)	−.049 (−.163)*	−.045 (−.150)+	−.029 (−.097)
소득	.000 (.061)	.000 (.062)	.000 (.017)	−.000 (−.143)*	−.000 (−.158)*	−.000 (−.114)+
기능취약	−.610 (−.447)***	−.576 (−.422)***	−.549 (−.402)***	.370 (.279)***	.370 (.279)***	.345 (.260)***
2단계: 가족부양의 구조						
배우자 유무[2]		−.026 (−.016)	−.008 (−.005)		−.016 (−.010)	−.021 (−.013)
자녀 동거여부[3]		−.059 (.030)	−.034 (−.017)		.218 (.116)	.208 (.110)
부양망 크기		−.009 (.041)	−.007 (−.031)		−.010 (−.047)	.000 (.003)
부양망 구성[4]		−.112 (−.073)	−.159 (−.103)		−.142 (−.009)	−.024 (−.016)
3단계: 부양행동						
정서적 부양행동			.363 (.337)***			−.071 (−.068)
도구적 부양행동			−.119 (−.113)			.073 (.071)
부정적 부양행동			−.078 (−.077)			.306 (309)***
회귀상수 R²	6.037 .270***	5.793 .279***	5.103 .377***	1.667 .166***	1.642 .183***	.694 .277***
R² 변화량	.270***	.009	.098***	.166***	.018	.09**

* p<.05 ** p<.01 *** p<.001

주: 1) 남성 = 1, 여성 = 0   2) 배우자 있음 = 1, 배우자 없음 = 0
    3) 자녀와 동거 = 1, 노인단독세대 = 0   4) 가족만으로 구성 = 1, 기타 = 0

〈표 2〉 기능취약과 정서적 부양행동 간의 상호 작용이 장기요양보호노인의
　　　　복지감에 미치는 영향

〈N = 251〉

	복 지 감 B(β)
연　령	−.017(−.181)**
교　육	−.032(−.103)
소　득	.000(.017)
기능취약	.348(.255)
정서적 부양행동	1.430(1.328)**
도구적 부양행동	−.157(−.149)*
부정적 부양행동	−.086(−.085)
기능취약 × 정서적 부양행동	−.266(−1.182)*
회귀상수	2.091
R^2	.385***

* p < .05　　** p < .01　　*** p < .001

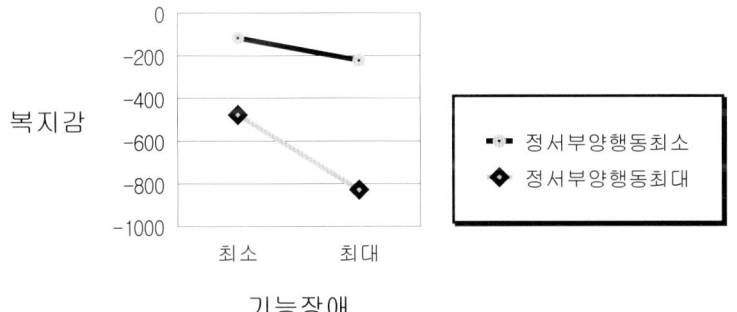

(그림 2) 기능취약과 정서적 부양행동 간의 상호 작용이 장기요양보호노인의
　　　　복지감에 미치는 영향

2) 부양행동의 효과

가족부양의 구조보다는 부양행동이 장기요양보호노인의 정신건강
에 더 큰 영향을 미칠 것이라는 가설이 지지되었다. 따라서 연구가
설 2-1과 2-2를 통해 부양자로부터 받는 부양행동이 장기요양보
호노인의 복지감과 우울감에 어떠한 역할을 하는가를 알아보았다.

(1) 노인의 기능취약정도와 정신건강 간의 관계에서 긍정적 차원
의 부양행동의 완충효과

<연구가설 2-1>은 지지되지 않았다. 따라서 기능취약이 노인의
복지감 및 우울감에 미치는 부정적인 영향이 정서적 부양행동과 도
구적 부양행동으로 완충되지 않는다고 볼 수 있다.

(2) 기능취약과 노인의 정신건강 간의 관계에서 긍정적·부정적
부양행동의 악화효과

<연구가설 2-2>는 부분적으로 지지되었다.
상호작용효과를 보는 경우 주 효과는 설명하지 않는 것이 일반적
이며, 상호작용효과 역시 그 패턴을 분석하는 것이 일반적이라는 이
론적 근거(Vaux, 1988)에 따라 상호작용효과의 패턴을 중심으로 연
구결과를 해석하겠다.
기능취약과 정서적 부양행동이 상호 작용하여, 기능취약이 노인의
복지감에 미치는 부정적인 영향을 악화하는 것으로 나타났다(표 2,

그림 2). 정서적 부양행동 자체는 노인의 복지감에 긍정적인 영향을 미치나, 기능취약정도와 정서적 부양행동이 상호 작용하여 노인의 복지감에 부정적인 영향을 미치는 것으로 나타났다. 즉 기능취약정도 낮은 노인들은 정서적 부양행동을 많이 받건 적게 받건 간에 복지감에 큰 차이가 나타나지 않으나, 기능취약정도가 심한 노인들의 경우는 정서적 부양행동을 많이 받을수록 복지감이 심하게 감소하는 것으로 나타났다. 따라서 정서적 부양행동의 영향은 기능취약정도가 낮은 노인들보다 심한 노인들의 복지감에 좀 더 부정적인 영향을 미치는 것으로 보인다. 한편, 노인들의 기능취약정도와 정서적 부양행동 간의 상호 작용이 노인의 우울감에 미치는 유의한 효과는 나타나지 않았다.

다음으로 기능취약과 도구적 부양행동이 상호 작용하여 기능취약이 노인의 복지감에 미치는 부정적인 영향을 악화하는 것으로 나타났다(표 3, 그림 3). 정서적 부양행동과 마찬가지로 도구적 부양행동 자체는 노인의 복지감에 긍정적인 영향을 미치나, 기능취약정도와 도구적 부양행동이 상호 작용하여 노인의 복지감을 떨어뜨리는 것으로 나타났다. 즉 기능취약정도 낮은 노인들은 도구적 부양행동을 많이 받건 적게 받건 간에 복지감에 큰 차이가 나타나지 않으나, 기능취약정도가 심한 노인들의 경우는 도구적 부양행동을 많이 받을수록 복지감이 심하게 감소하는 것으로 나타났다. 한편, 장기요양보호노인들의 기능취약과 도구적 부양행동 간의 상호 작용이 노인의 우울감에 미치는 유의한 효과는 검증되지 않았다.

또한 기능취약과 부정적 부양행동이 상호 작용하여, 기능취약이 노인의 우울감에 미치는 부정적인 영향을 악화하는 것으로 나타났다(표 4, 그림 4). 즉 기능취약정도 낮은 노인들은 부정적 부양행동을 많이 받건 적게 받건 간에 우울감에 큰 차이가 나타나지 않으나, 기능취약정도가 심한 노인들의 경우는 부정적 부양행동을 많이 받을수록 우울감이 심하게 증가하는 것으로 나타났다. 한편, 장기요양보호 노인들의 기능취약과 부정적 부양행동 간의 상호 작용이 노인의 복지감에 미치는 유의한 효과는 검증되지 않았다.

종합하면, 기능취약이 노인의 복지감에 미치는 부정적인 영향이 정서적 부양행동이나 도구적 부양행동으로 악화되었으며, 기능취약이 노인의 우울감에 미치는 부정적인 영향이 부정적 부양행동으로 악화되는 것으로 나타났다. 따라서 정서적 부양행동이나 도구적 부양행동, 부정적 부양행동은 기능취약정도가 낮은 노인들에 비해 기능취약정도가 심한 노인들의 정신건강에 더욱 부정적인 영향을 미치는 것으로 나타났다. 이 결과에서도 긍정적인 부양행동은 정신건강의 긍정적인 차원인 복지감과, 부정적 부양행동은 정신건강의 부정적 차원인 우울감과 관련되는 것으로 나타났다.

〈표 3〉 기능취약과 도구적 부양행동 간의 상호 작용이 장기요양보호노인의
　　　복지감에 미치는 영향

〈N = 251〉

	복 지 감
	B(β)
연　령	$-.021(-.231)^{**}$
교　육	$-.038(-.121)^{*}$
소　득	$.000(.038)$
기능취약	$1.258(.922)^{*}$
정서적 부양행동	$.319(.296)^{***}$
도구적 부양행동	$1.597(1.520)^{**}$
부정적 부양행동	$-.143(-.140)^{*}$
기능취약 × 도구적 부양행동	$-.441(-2.463)^{***}$
회귀상수	$-.795$
R^2	$.407^{**}$

* p < .05   ** p < .01   *** p < .001

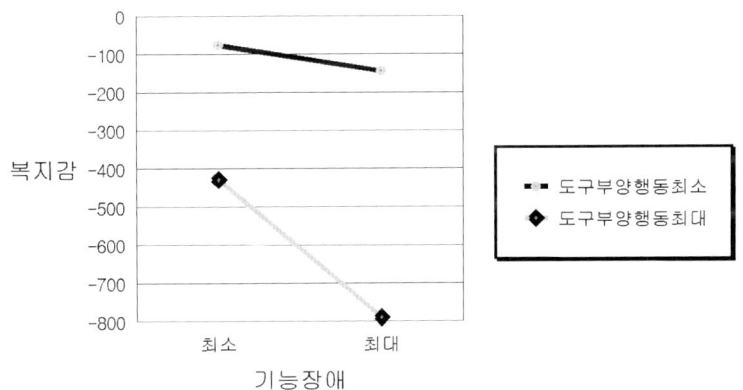

(그림 3) 기능취약과 도구적 부양행동 간의 상호 작용이 장기요양보호노인의
　　　　복지감에 미치는 영향

〈표 4〉기능취약과 부정적 부양행동 간의 상호 작용이 장기요양보호노인의 노인의
우울감에 미치는 영향

〈N = 251〉

	우 울 감 B(β)
연령	.000(.010)
교육	−.046(−.154)
소득	−.000(−.085)
기능취약	−.319(−.240)
정서적 부양행동	−.104(−.099)
도구적 부양행동	.138(.135)
부정적 부양행동	−.908(−.919)*
기능취약 × 부정적 부양행동	.307(1.313)*
회귀상수	3.560
R^2	.289***

* $p < .05$

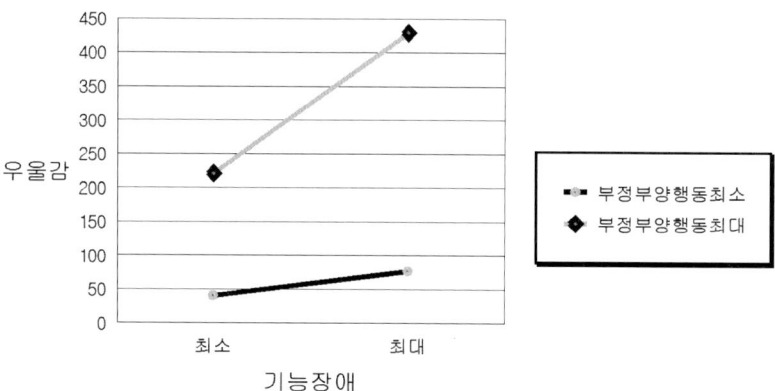

〈그림 4〉기능취약과 부정적 부양행동 간의 상호 작용이 장기요양보호노인의
우울감에 미치는 영향

5. 논의 및 결론

　연구문제를 중심으로 결과를 간단히 요약하고 논의하면 다음과 같다.

　첫째, 장기요양보호노인의 복지감 및 우울감에는 가족부양의 구조
보다는 부양행동이 더 큰 영향을 미치는 것으로 나타났다(가설 1).
즉 단순히 누구와 함께 살며 누가 부양행동을 제공하는가와 같은 가
족부양의 구조적인 측면보다는, 부양자로부터의 직접적인 보조와 같
은 가족부양의 기능적인 측면이 노인의 일상생활을 영위하기 위해
더 중요한 역할을 한다는 점을 시사하고 있다.

　둘째, 정서적 부양행동은 노인의 복지감에, 부정적인 부양행동은
노인의 우울감과 관련이 있는 것으로 나타났다. 이는 부양행동과
정신건강은 서로 같은 차원과 관련되어 있다는 선행연구의 결과
(Ingersoll－Dayton 등, 1997)를 뒷받침하는 결과이다. 즉 부양행동이
나 정신건강 모두 동전의 앞뒷면처럼 한 측면을 측정함으로써 다른
측면을 추론할 수 있는 것이 아니라 서로 다른 차원이라는 사실을
보여주고 있다.

　셋째, 정서적 부양행동은 기능취약성을 통제한 경우에 노인의 정신
건강에 긍정적인 영향을 미치는 것으로 나타나(표 1), 정서적 부양행
동 자체는 노인의 정신건강을 향상시키는 역할을 한다고 볼 수 있다.
그러나 기능취약정도와 긍정적 차원의 부양행동(정서적 부양행동과
도구적 부양행동)이 상호 작용하여 기능취약이 노인의 복지감에 미치
는 부정적인 영향을 악화시키는 것으로 나타났다(가설, 2－1과 2－2.
표 2, 3 그림 2, 3). 즉 정서적 부양행동이나 도구적 부양행동은 기능
취약정도가 낮은 노인들에 비해 기능취약정도가 심한 노인들의 복지

감을 더욱 감소시키는 것으로 나타났다. 이는 노인이 기능적으로 또는 경제적으로 취약해서 부양자로부터 부양을 받는 경우 긍정적인 차원의 부양행동이라 해도 부정적인 역할을 한다는 선행연구결과(Krause, 1997; Krause & Liang, 1993; Revicki & Mitchell, 1990)를 뒷받침하는 결과이다.

이러한 결과는 대처능력과 연결시켜 설명할 수 있다. 대체로 사람들은 위기상황에서 우선적으로 자신의 힘으로 문제를 해결하고자 하며, 개인적인 자원이 고갈되는 시점에서 다른 사람의 도움을 구하게 된다(Wethington & Kessler, 1986). 노인이 부양자에게서 부양을 받는 것은 스스로 문제를 해결할 수 있는 대처능력이 부족하다는 것을 인정하고 드러내는 것이다. 따라서 장기요양보호노인이 부양자로부터 정서적 또는 도구적 부양을 제공받음으로써 노인의 자존감이 떨어지며, 이것이 노인의 정신건강에 부정적인 영향을 미쳤다고 추론할 수 있다.

특히 자녀와의 관계에서 수급자로서의 위치만을 차지한다는 것은 자녀들에게 짐이 되거나 부담을 준다는 죄의식을 동반할 수도 있는데, 이런 부정적인 의식과 염려는 장기요양보호노인과 같이 자녀들로부터 집중적이고 광범위한 도움이 필요한 노인들에게서 크게 나타나는 것으로 알려져 있다(Kim & Rhee, 1999). 더구나 선행연구들은 한편의 일방적인 도움으로 상호 호혜성이 결여될 때 세대 간의 애정과 접촉은 감소되고, 세대 간 갈등의 원인이 된다(최정혜, 김태현, 1992)는 점을 지적하고 있다. 따라서 가족부양으로 인한 세대 간의 갈등이 노인의 정신건강을 악화시키는 기능을 했을 것으로 볼 수 있다.

이처럼 가족부양으로 노인의 정신건강이 악화되고 있다는 사실은 기능적으로 문제가 있어 장기간의 부양을 제공해야만 하는 노인들에 대한 부양을 가족에게만 전적으로 부담 지워서는 안 된다는 사실을 제시해 주고 있다. 즉 부양의 다른 축인 공적 부양이 이제는 사적 부양의 보조적인 역할에서 벗어나 좀 더 적극적으로 개입해야 할 필요성을 시사하는 결과이다. 예를 들어, 부양자의 부담을 경감시켜 줄 수 있는 프로그램의 개발도 필요하고, 노인과 부양자를 위한 휴식기관이나 대처기관이 국가의 복지차원에서 제공되어야 할 것이며, 공적 부양의 이점과 사적 부양의 이점을 살려 노인의 삶의 질을 향상시킬 수 있는 방안들이 구체화되어야 할 것이다.

넷째, 기능취약과 부정적 부양행동이 상호 작용하여 노인의 정신건강을 악화시키는 것으로 나타났다. 이는 노부모들의 성인자녀들에 대한 높은 수준의 의존성은 노부모들에 대한 육체적, 심리적 학대나 부정적인 상호 작용(이신숙, 서병숙, 1994) 등 부정적인 결과를 낳는다는 선행연구결과와 일치한다.

노년기 사회적 지지와 정신건강 간의 관계에 대한 실증연구2

노인이 제공받는 사회적 지지의 효과성 분석[4]

A study on Analysis of social support effect models.

1. 서 론

현재 우리나라는 노인인구가 전체 인구의 7%가 넘는 고령화 사회이다. 인구의 고령화는 의존적인 노인의 절대적·상대적 숫자의 증가를 의미하며 이와 관련하여 사회적, 학문적인 관심은 이들 노인의 부양에 주어졌다. 즉 가족구조의 핵가족화와 가족주의 가치관의 변화, 여성들의 사회 진출, 사회복지시설의 미비 등은 노인부

---

4) 김윤정(2003), 노인이 제공받는 사회적 지지의 효과성 분석, 노인복지연구, 21, 123−14.

양에 관심을 쏟게 할 이유가 충분했던 것이다.

그러나 최근 인간의 삶의 질과 관련하여 노인의 삶의 질, 성공적인 노화도 관심을 받기 시작하였다. 이는 다시 말해 노인인구가 증가하고 있는 상황에서 노인을 부양을 받는 대상, 삶의 객체로 볼 것이 아니라, 노인을 삶의 주체로 놓고 그 노인들의 삶의 질, 성공적 노화, 정신건강을 유지하기 위해 필요한 요건들이 무엇인가에 관심을 기울여야 한다는 것이다. 노인의 삶의 질과 관련하여 노인의 건강과 경제수준, 주변 대인관계망으로부터의 사회적 지지가 중요한 변수라는 것에 대해 연구의 결과가 일치하고 있으며(김태현 등, 1999) 본 연구에서는 이러한 요인 중 노인이 주변 대인관계망으로부터 제공받는 사회적 지지에 관심을 둔다.

사회적 지지(social support)는 스트레스로부터 개인의 정신건강을 보호하는 긍정적 메커니즘으로 노년기 사회적 관계가 축소되는 상황에서 노인들의 삶에서 절대적이다(Krause, 1990; Rook, 1997). 한편, 최근에는 부정적 차원의 사회적 지지에 대한 관심이 증가하고 있다. 즉 노인들이 스트레스를 겪을 때마다 자신의 지지망을 활성화시킬 수 있는가와 과연 사회적 지지가 노인에게 긍정적인 영향만을 미치는가에 대한 의문이 일고 있다. 실제로 노인들이 스트레스를 경험하게 되면 지지망 구성원과의 관계의 질이 떨어지는 경향이며, 더 나아가 부정적인 상호 작용도 증가한다(Rook, 1997). 이는 사회적 지지의 효과성을 분석하고자 할 때 사회적 지지의 긍정적인 측면과 부정적인 측면을 동시에 고려해야 함을 시사하는 것이다.

따라서 본 연구에서는 지역사회에 거주하는 기능취약노인들을 대상으로 하여 노인의 건강상태가 노인의 정신건강에 영향을 미치는 과정에서 노인의 주변 대인관계망으로부터 제공받는 사회적 지지의 역할을 파악하고자 한다.

2. 이론적 배경

1) 사회적 지지의 개념

1980년 이후 활성화되기 시작한 사회적 지지와 관련된 연구가 다수 발표된 상황에서 아직까지도 사회적 지지의 개념화나 측정방법에는 논란의 여지가 많다. 본 연구자는 사회적 지지를 개념화하고 측정했던 대표적인 학자들의 이론을 소개하고 본 연구에서 사용하고자 하는 사회적 지지의 개념을 정의하고자 한다.

Gottlieb(1983), Lin(1986), Vaux(1988), 박지원(1985)이 대표적이다. 먼저 Gottlieb(1983)는 사회적 지지를 크게 정서유지, 문제해결, 대인간의 영향력, 환경에의 개입, 지지행동으로 구분하고, 이에 수반된 세 가지 구조로서 사회적 참여 혹은 통합, 사회적 망에서의 상호 작용 그리고 친밀한 동료관계에서의 자원에의 접근성을 설정하였다.

Lin(1986)은 사회적 지지를 지역사회, 사회적 망 그리고 속사정을 나누는 사람에 의해 제공된 인지된 또는 실제의 도구적 및 표현적 지지로 정의하였다. 또한 인간과 사회적 환경과의 결합을 3개의 수준으로 구별하였는데, 이 3개 층은 각각 소속감, 유대감, 결속감이다.

Vaux(1988)는 사회적 지지를 지지망의 자원과 지지적 행동, 지지적 평가를 포함하는 역동적인 과정으로 보았고, 박지원(1985)은 사회적 지지의 개념 차원에 사회적 지지망과 지지형태, 지지욕구를 포함시켰다. 사회적 지지망의 차원에는 사회적 망의 구조적 속성과 기능적 속성 그리고 지지형태의 차원에는 정서적 지지, 정보적 지지, 물질적 지지, 평가적 지지의 세 가지 지지행위를 포함시켰다. 그리고 지지욕구차원은 사회관계에서 느끼는 유대감, 사회생활에 대한 자신감으로 규정하였다.

이처럼 사회적 지지는 크게 사회적 통합과 사회적 지지망, 사회적 지지로 나누어 개념화되고 측정되는데 김윤정과 최혜경(2000)은 여러 학자들의 이론을 빌어, 사회적 지지를 구조적인 측면과 기능적인 측면으로 구분하고 사회적 지지의 구조적 측면은 사회통합과 사회적 관계망으로 구분하였다. 사회적 지지의 기능적인 측면은 정서적 지지, 도구적 지지, 정보적 지지, 사회활동적 지지 등으로 구분하였다. 또한 노인이 제공받는 사회적 지지나 부양이 노인의 정신건강에 긍정적인 영향을 미친다는 이제까지의 가정과는 달리, 부양이 노인에게 항상 긍정적인 영향을 미치는 것만은 아니라는 사실(Rook, 1997)에 근거하여, 사회적 지지의 기능적인 측면에는 정서적 지지나 도구적 지지와 같은 긍정적인 차원만이 아니라, 지지제공자가 노인에게 제공하는 부정적인 지지, 노인과 대인관계망 구성원 간의 부정적인 상호 작용과 같은 부정적인 차원의 사회적 지지가 포함되는 포괄적인 것으로 개념화하였다.

본 연구에서도 김윤정과 최혜경(2000)의 사회적 지지의 개념을 적극적으로 수용하여 사회적 지지를 긍정적인 차원과 부정적인 차원으로 나누어 개념화하고자 한다.

2) 사회적 지지모델의 효과성

사회적 지지의 효과를 검증한 기존의 연구들을 분석해 보면, 사회적 지지모델의 효과성에 일관성이 부족하다는 점을 발견할 수 있다.

이는 첫째 이론적으로는 사회적 지지의 여러 차원과 그 측정방법이
어느 정도 확립되어 있으나, 사회적 지지 이론을 경험적 연구에서 적
용하기에 적절한 측정도구가 부족하다는 점과 둘째, 사회적 지지가
제공되는 상황, 즉 스트레스의 존재를 고려하는가, 고려한다고 할 때
사건적인 스트레스인가, 만성적인 스트레스인가를 구분하지 못하고
있다는 점을 들 수 있다. 셋째, 사회적 지지의 완충효과에 대한 해석
이 연구자마다 다르다는 점을 들 수 있다. 완충효과의 분석에 있어,
스트레스와 사회적 지지 간의 상호 작용이 유의할 때만 완충효과가
있다고 해석하는 연구자가 있는 반면, 스트레스가 디스트레스에 미치
는 직접효과와 사회적 지지를 통한 간접효과를 합한 총효과도 사회
적 지지의 완충효과로 해석하는 연구자가 있다(김윤정, 최혜경, 2000).

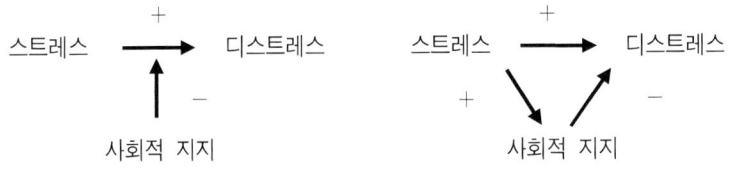

A-1. 상호작용효과 완충모델   A-2. 부가적 효과 완충모델

(그림 1-1) 사회적 지지의 긍정적 효과모델

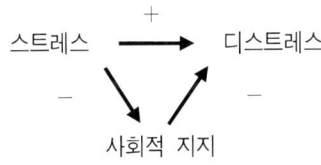

B-1. 매개효과모델

(그림 1-2) 사회적 지지의 부정적 효과모델

이는 결국 사회적 지지에 대한 논의가 진행될수록 좀 더 정교화되고 특수화된 모델에 대한 요구는 많아질 것이고 또한 그러한 모델들이 발달될 것으로 기대되며, 또한 완충효과와 주 효과를 모두 포함하는 대안적인 모델이 필요하다는 점을 시사하는 것이라 하겠다. 이러한 욕구에 적합한 모델로 Wheaton(1985)의 모델과 Lin(1986), Ensel과 Lin(1992)의 모델들이 있는데 이 모델들을 종합하여 요약해 보면5), 사회적 지지의 효과는 주 효과와 완충효과, 매개효과로 구분할 수 있다. 긍정적인 효과는 주 효과모델과 완충효과모델로 검증이 가능하며, 완충효과모델은 다시 상호작용효과 완충모델과 부가적 효과 완충모델(억제효과모델)로 세분화된다. 완충효과모델은 사회적 지지를 많이 받을 때 스트레스의 부정적인 효과가 감소한다는 점을 가정하고 있으며, 부가적 효과 완충모델은 스트레스 상황에서 사회적 지지를 활성화시킴으로써 증가한 사회적 지지가 스트레스의 부정적인 효과를 감소시킨다는 점을 가정하고 있다(그림 1-1). 이 두 모델의 가장 큰 차이점은 사회적 지지가 스트레스에 대한 반응으로 제공되느냐의 여부이다.

다음으로 매개효과모델(그림 1-2)은 사건이 반복적으로 발생하거나 만성화되면 사회적 지지망의 자원이 고갈되어 이 사회적 지지망으로부터 제공되는 사회적 지지가 감소하여, 사회적 지지가 개인에게 부정적인 영향을 미칠 수도 있다고 가정하고 있는 모델이다.

---

5) 사회적 지지의 효과모델에 대한 좀 더 자세한 사항은 김윤정(2000)의 '사회적 지지 관점으로 본 가족부양이 노인의 정신건강에 미치는 영향'을 참조하기 바람.

3) 노인에게 제공되는 사회적 지지의 효과

노인들이 제공받는 사회적 지지를 연구한 기존의 연구들(김미혜 등, 2000; 김효심, 신효식, 1995; 이신숙, 1997; 이영화, 1997; 채수원, 1991; 한경혜, 1996; Chappell, 1991; Dugan & Kivett, 1994; Jett, Tennstedt, Crawford, 1995; Krause, 1995; Krause, 1986; Krause & Liang, 1993)은 노인들이 주변 환경으로부터 제공받는 사회적 지지가 노인들의 삶에 이롭다는 연구결과를 내세우고 있다.

반면 사회적 지지의 부정적인 효과(Krause, 1997; Krause & Liang, 1993; Revicki & Mitchell, 1990)를 보고하는 경우가 증가하고 있다. 이 연구들은 노인들이 경제적으로 문제가 있거나 건강이 악화되어 주변 환경으로부터 도움을 받는 경우 사회적 지지로 인해 노인들의 정신건강이 오히려 악화된다는 점을 제시하고 있다.

그러나 기존의 선행연구들은 스트레스 상황에서 사회적 지지의 효과를 이론적 주장에 근거해서 분석하기보다는 다소 단편적인 수준에서의 규명에 그치는 경향이 강하다. 그러한 가운데 사회적 지지의 효과를 이론적 모델에 따라 분석한 몇 편의 연구들(김미혜, 이금룡, 정순돌, 2000; 김윤정, 최혜경, 2001; 이신숙, 1997; Krause, 1997; Roberts 등, 1994)이 있다. 그러나 이 연구들은 첫째, 사회적 지지의 완충효과는 사회적 지지를 구조적인 측면보다는 기능적인 측면으로 측정했을 때 나타나는 경향이나, 선행연구들이 사회적 지지의 기능을 유형별로 분석하기보다는 하나의 변수로 분석하고 있다는 제한점이 있다. 특히 김윤정과 최혜경(2001)을 제외한 연구들은 사회적 지지의 부정적인 측면에 대한 고려가 없다.

둘째, 사회적 지지의 개념과 효과성에서는 사회적 지지의 주 효과와 완충효과를 구분하고 완충효과 역시 긍정적인 효과를 가지느냐 부정적인 효과를 가지느냐에 따라 다른 이름으로 명칭을 하면서도 실제 경험적 연구단계에서는 이에 대한 고려가 부족하다. 김윤정과 최혜경(2001)은 사회적 지지의 효과를 주 효과와 완충효과로 나누어 분석하였으나 완충효과는 상호작용효과 완충효과모델만을 분석하였다. 김미혜 등(2000)은 Wheaton(1985)의 주장에 따라 노년기 우울증 원인에 대한 경로분석에서 사회적 지지의 우울증 억압효과를 발견함으로써 사회적 지지의 효과 중 부가적 효과 완충모델을 부분적으로 검증하였으나 사회적 지지의 부정적인 효과는 검증하지 못하였다.

이에 본 연구에서는 사회적 지지를 긍정적인 지지와 부정적인 상호 작용으로 나누어 측정하고 사회적 지지의 효과 역시 긍정적인 효과와 부정적인 효과 모두를 분석하고자 한다. 사회적 지지의 긍정적인 효과는 완충효과모델을 통해 검증이 가능한데, 완충효과 중 상호작용효과 완충모델은 기존의 연구에서 다수 검증되었기 때문에 부가적 효과 완충모델만을 검증하고자 한다. 또한 사회적 지지의 부정적인 효과는 이론적으로는 매개효과모델을 통해 검증이 가능하나, 스트레스로 사회적 지지가 감소한다고 가정하는 매개효과모델은 기능취약노인의 상황에는 적용하기가 어렵다. 즉 노인의 기능취약을 보완하고 주관적인 욕구를 충족시키기 위해서는 주변으로부터 사회적 지지를 제공받아야만 하기 때문이다. 따라서 본 연구에서는 부가적 효과완충모델을 기능취약노인의 상황에 맞도록 변형시켜 사회적 지지의 긍정적인 효과와 부정적인 효과를 검증하고자 한다.

이에 따라 다음 두 개의 연구문제를 설정하였다.

첫째, 기능취약에 대한 반응으로 정서적 지지 및 도구적 지지가 증가하고, 증가된 지지는 기능취약이 노인의 복지감 및 우울감에 미치는 부정적인 영향을 완충할 것인가?(사회적 지지의 긍정적인 효과) 둘째 기능취약에 대한 반응으로 정서적 지지, 도구적 지지, 부정적 지지는 증가하나, 증가된 지지는 기능취약이 노인의 복지감 및 우울감에 미치는 부정적인 영향을 악화시킬 것인가?(사회적 지지의 부정적인 효과)

3. 연구방법

1) 연구대상

본 연구의 자료는 secondary data로 김윤정과 최혜경(2001) 연구에서 사용된 자료이다. 지역사회에서 가족으로부터 부양을 받고 있는 노인들을 대상으로 총 300부를 배부하였다. 전체 275부가 회수(회수율 91.6%)되었는데, 이 중에서 ADL / IADL 점수가 43점에서 59점까지인 24부를 제외하고, 총 251부가 최종 분석에 이용되었다.

이 노인들의 기능취약점수는 5점 만점에 3.8점(표준편차 .60)으로 기능취약노인으로 선별하는 데 무리가 없다고 생각된다. 평균 연령 74세이며, 대부분이 여자노인(70.9%)이다. 노인의 가정소득은 평균 224만 원이며, 교육수준은 초등학교 졸, 무학, 고졸, 중졸, 대졸 순으로 무학과 국졸인 경우가 대부분(70.9%)을 차지한다. 소득원은 주로 자녀(82.5%)이며, 직업을 가진 노인은 10명으로 이들의 직업은 행상, 수위, 청소부, 자영업이다. 배우자가 없는 노인이 64.5%로 반수가 넘고, 노인단독세대인 경우가 19.6%이고, 아들과 동거하는 경우가 반수가 넘는다. 노인의 종교는 불교가 44.4%, 기독교가 17.6%, 천주교가 14.4%이고, 종교가 없는 경우도 21.2%이다.

2) 측정도구

노인의 기능취약은 Kempman과 Suurmeijer(1990)에 의해 개발된 척도로, 신뢰도는 Cronbach's α= .91이다.

사회적 지지는 총 38문항이다. '긍정적인 차원의 사회적 지지'는 최혜경 등(1998)의 요인분석결과에 근거하여 26문항을 선별하였다. '부정적인 차원의 사회적 지지' 문항은 Rook(1984)의 '문제가 있는 사회관계(problematic social tie)'와 Vaux(1986)의 망정향척도(network orientation scale)에 근거하였으며, 요인분석결과 총 18문항, 3개의 하위 요인으로 분류되었다. 각각의 요인은 정서적 사회적 지지(Cronbach's α= .89), 도구적 사회적 지지(Cronbach's α= .84), 부정적 지지 (Cronbach's α= .82)로 나뉘어졌다.

복지감은 Kessler(1985)의 척도이며, 우울감은 SCL-90의 하위척도 중 일부로 Choi(1992)가 번역한 척도이다. 복지감의 신뢰도는 Cronbach's α= .83이고 우울감의 신뢰도는 Cronbach's α= .83이다.

각 질문지의 문항들은 '전혀 그렇지 않다(1점)'에서 '매우 그렇다(5점)'로 이루어진 척도들로, 각 특성이 높을수록 높은 점수로 평가되었다.

3) 분 석

수집된 자료는 SPSS 11.0을 이용하여 빈도분석, 신뢰도분석, 상관관계분석, 요인분석, 변량분석, 중다회귀분석 등을 적용하여 분석하였다.

사회적 지지의 효과는 Wheaton(1985)이 제안한 방법에 따라 기능취약이 노인의 정신건강에 미치는 직접효과와 지지를 통한 간접효과를 합한 총 인과효과로 분석되었다.

4. 연구결과

1) 사회적 지지의 긍정적인 효과

<표 1>에서 보는 바와 같이 기능취약이 심할수록 정서적 지지를 많이 받는 것은 아니나(β= .037), 정서적 지지를 많이 받을수록 노인의 복지감이 증가하는 것으로 나타났다(β= .328. P<.001). 반면, 정서적 지지를 많이 받는다고 해서 우울감이 유의하게 감소하는 것은 아니다 (β= -.070).

그러나 Wheaton(1985)의 방식대로 계산해서 직접효과와 간접효과를 합산해 보면, 기능취약이 노인의 복지감에 미치는 부정적인 영향이 정서적 지지로 약화되는 효과를 확인할 수 있다. 즉 기능취약이 기능취약노인의 복지감에 미치는 부정적인 영향이 -.419였던 것이 정서적

지지로 인해 총 인과효과가 −.407로 약 .012 정도가 감소한 것으로 나타났다(표 1, 그림 2, 식 1). 또한 기능취약이 기능취약노인의 우울감에 미치는 부정적인 영향(표 1, 그림 3, 식 2)도 .241이었던 것이 정서적 지지로 인해 총 인과효과가 .238로 약 .003 정도가 감소한 것으로 나타났다. 따라서 노인의 기능취약이 정신건강 간의 관계에서 부가적 완충효과를 확인하였다.

한편, 기능취약이 노인의 정신건강에 미치는 직접효과와 간접효과를 계산한 총 인과효과가 도구적 지지로 인해 감소하지 않았다.

〈표 1〉 기능취약과 노인의 정신건강 간의 관계에서 정서적 지지의 역할 〈N = 251〉

	정신건강		
	정서적 지지 B(β)	복 지 감 B(β)	우 울 감 B(β)
연령	−.005(−.054)	−.012(−.134)	.005(.061)
교육	.043(.151)*	−.026(−.085)	−.047(−.155)*
소득	.000(.102)	.000(.020)	−.000(−.105)
기능취약	.046(.037)	−.571(−.419)***	.319(.241)**
정서적 지지		.354(.328)***	−.073(−.070)
도구적 지지		−.119(−.114)	.105(.103)
부정적 지지		−.087(−.086)	.307(.311)***
회귀상수	3.318	5.314	.740
R^2	.049*	.368***	.258***

* $p < .05$ *** $p < .001$

(그림 2) (식1) 기능취약과 복지감 간의 관계에서 정서적 지지의 역할

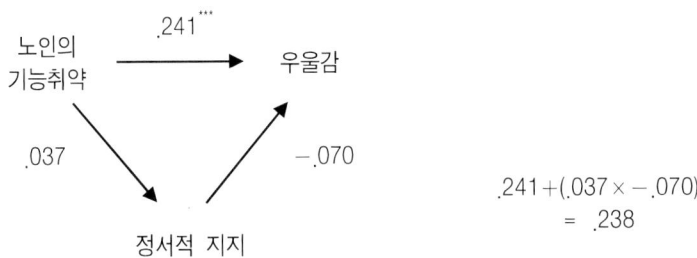

(그림 3) (식2) 기능취약과 우울감 간의 관계에서 정서적 지지의 역할

2) 사회적 지지의 부정적인 효과

다음으로 사회적 지지의 부정적인 효과를 검증했다.

구체적으로 보면, 기능취약이 심할수록 도구적 지지를 많이 받는 것으로 나타나(β= .331, P<.001), 기능취약에 대한 대응으로 노인에게 도구적 지지가 제공되었다고 볼 수 있다. 그러나 도구적 지지는 노인의 복지감을 향상시키지도 않았고, 우울감을 떨어뜨리는 역할도 하지 않았다(표 2).

직접효과와 간접효과를 합한 총 인과효과를 계산해 보면, <표 2,

그림 4, 식 3>에서 보는 바와 같이 기능취약이 복지감에 미치는 부정적인 영향이 -.419였던 것이 도구적 지지로 인해 총 인과효과가 -.457로 .038 정도 노인의 복지감을 더 떨어뜨리는 것으로 나타났다. 또한 기능취약이 우울감에 미치는 부정적인 영향이 .241이었던 것이 도구적 지지로 인해 총 인과효과가 .275로 약 .034 정도 우울감을 증가시키는 것으로 나타났다(표 2, 그림 5, 식 4).

즉 노인이 주변 대인관계망으로부터 사회적 지지를 제공받는 경우 노인의 기능취약으로 인해 복지감이 떨어지고 우울감이 증가하는 등 도구적 지지의 부정적인 효과가 나타났다.

반면, 기능취약이 노인의 정신건강에 미치는 부정적인 영향이 정서적 지지로 악화되지 않았다.

⟨표 2 ⟩ 기능취약과 정신건강 간의 관계에서 도구적 지지의 역할   ⟨N = 251⟩

	정 신 건 강		
	도구적 지지 $B(\beta)$	복 지 감 $B(\beta)$	우 울 감 $B(\beta)$
연령	.016(.181)*	-.012(-.134)	.005(.061)
교육	.019(.065)	-.026(-.085)	-.047(-.155)*
소득	.000(.020)	.000(.020)	-.000(-.105)
기능취약	.430(.331)***	-.571(-.419)***	.319(.241)**
정서적 지지		.354(.328)***	-.073(-.070)
도구적 지지		-.119(-.114)	.105(.103)
부정적 지지		-.087(-.086)	.307(.311)***
회귀상수	1.033	5.314	.740
R^2	.175***	.368***	.258***

* p < .05   ** p < .01   *** p < .001

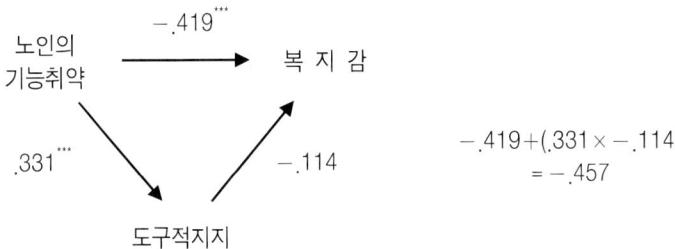

(그림 4) (식3) 기능취약과 복지감 간의 관계에서 도구적 지지의 역할

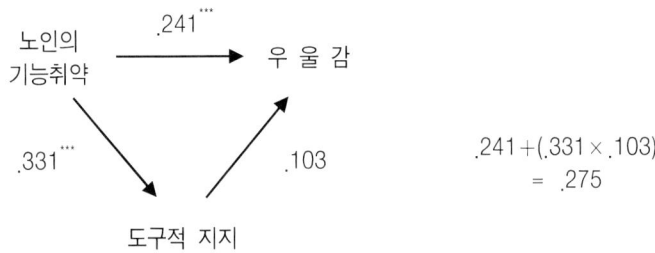

(그림 5) (식4) 기능취약과 우울감 간의 관계에서 도구적 지지의 역할

다음으로 노인의 기능취약과 정신건강 간의 관계에서 부정적 지지의 역할을 검증하였다. 검증 결과 기능취약과 부정적 지지 간에는 유의한 관계가 발견되지 않았다(β= .023). 그러므로 기능취약이 심하다고 해서 부정적인 지지를 많이 받는 것은 아니다. 또한 노인이 주변 대인관계망으로부터 제공받는 부정적 지지와 노인의 복지감과는 유의한 관계가 발견되지 않았다(β= −.086). 그러나 노인이 주변 대인관계망으로부터 부정적 지지를 많이 받는 경우 우울감의 정도가 증가하는 것으로 나타났다(β= .311, P<.001).

구체적으로 총인과 효과를 검증해 보며, 기능취약이 복지감에 미치는 영향이 −.419였던 것이 부정적 지지로 인해 총 인과효과가

-.421로 .002 정도가 감소하는 것으로 나타났다(표 5, 그림 6, 식 5). 또한 기능취약이 우울감에 미치는 영향이(표 6, 그림 7, 식 6) 241이었던 것이 부정적 지지로 인해 총 인과효과가 .247로 약 .007 정도가 증가한 것으로 나타났다.

즉 노인의 기능취약이 노인의 정신건강에 미치는 부정적인 영향이 주변 대인관계망으로부터 제공받는 부정적 지지로 더욱 악화되는 것으로 나타나 노인의 기능취약과 정신건강 간의 관계에서 부정적 지지의 정신건강 악화효과를 확인할 수 있었다.

〈표 3〉 기능취약과 복지감 간의 관계에서 부정적 지지의 역할

〈N = 251〉

	부정적 지지 B(β)	복 지 감 B(β)	우 울 감 B(β)
연령	-.019(-.207)**	-.012(-.134)	.005(.061)
교육	-.033(-.109)	-.026(-.085)	-.047(-.155)*
소득	-.000(-.109)	.000(.020)	-.000(-.105)
기능취약	.031(.023)	-.571(-.419)***	.319(.241)**
정서적 지지		.354(.328)***	-.073(-.070)
도구적 지지		-.119(-.114)	.105(.103)
부정적 지지		-.087(-.086)	.307(.311)***
회귀상수	3.547	5.314	.740
R^2	.047*	.368***	.258***

* $p < .05$ ** $p < .01$ *** $p < .001$

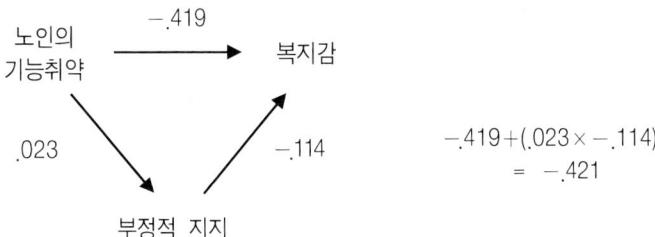

(그림 6) (식5) 기능취약과 복지감 간의 관계에서 부정적 지지의 역할

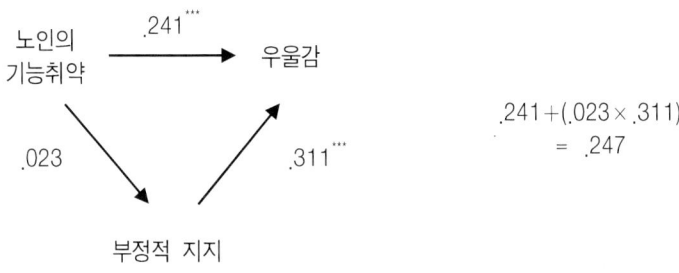

(그림 7) (식6) 기능취약과 우울감 간의 관계에서 부정적 지지의 역할

5. 논 의

본 연구에서는 지역사회에 거주하는 기능취약노인들을 대상으로
하여 노인의 건강상태가 노인의 정신건강에 영향 미치는 과정에서
사회적 지지의 역할을 파악하고자 한다. 이를 위해 사회적 지지와
관련된 연구들을 심도 있게 분석함으로 사회적 지지의 긍정적 효과

와 부정적인 효과를 검증할 모델을 제시하고 이 모델을 분석하였다.

본 연구의 결과를 간단하게 요약하면서 연구의 시사점을 살펴보겠다.

첫째, 사회적 지지 하위 요인 중 정서적 지지의 부가적 완충효과를 확인하였다. 즉 노인의 기능취약정도가 노인의 복지감과 우울감에 미치는 부정적인 영향이 정서적 지지로 완화되는 것으로 나타나 정서적 지지의 긍정적인 역할을 확인하였다. 또한 도구적 지지와 부정적 지지의 부정적인 역할이 검증되었는데, 즉 노인의 기능취약정도가 노인의 복지감과 우울감에 미치는 부정적인 영향이 도구적 지지 및 부정적 지지로 더욱 악화되는 것으로 나타났다.

둘째, 기능취약으로 정서적 지지와 부정적 지지는 유의하게 증가하지 않는 것으로 나타나 기능취약에 대한 대응으로 정서적 지지와 부정적 지지가 제공되는 것은 아니다. 정서적 지지가 기능취약에 대한 대응으로 주어지지 않는다는 결과는 노인에게 사회적 지지가 제공되는 상황을 고려해야 할 필요성을 제시하는 것이다. 노인에게 사회적 지지를 주로 제공하는 대상이 가족이라고 할 때, 가족이 노인의 기능취약으로 스트레스를 받고 있는 상황이라면, 노인의 기능취약이 심하다고 해서 정서적 지지를 더 많이 제공할 수는 없을 것이며, 심하게는 사회적 지지제공자가 노인에 대한 애정을 철회하는 현상도 나타날 것으로 예상할 수 있다. 또한 부정적 지지도 노인의 기능취약에 대한 대응으로 제공되지는 않는 것으로 나타났는데, 이 결과는 만성적인 스트레스 상황에서 심신이 고갈된 가족은 이미 뒤에서 노인의 흉을 보거나 험담을 하는 부정적인 부양조차도 제공할 여력이 없는 것으로 해석할 수 있다. 결국 긍정적인 정서적 지지도 부정적인 차원의 부정적 지지도 제공되지 않는다는 것으로, 사회적 지지관계망의 와해를 엿볼 수 있다.

　반면 도구적 지지는 기능취약에 대한 대응으로 제공되고 있다. 정서적 지지나 부정적 지지와는 달리, 도구적 지지는 기능취약노인들의 생활에서 중요한 것으로, 노인들이 주변 대인관계망으로부터 도구적 지지를 끌어내는 것으로 볼 수 있다. 그러나 기능취약으로 노인이 도구적 지지를 많이 받긴 하나, 이렇게 증가한 도구적 지지가 기능취약과 노인의 정신건강 간의 관계에서 완충적인 역할을 하기보다는 오히려 부정적인 역할을 하는 것으로 나타났다. 이 결과는 사회적 지지제공자의 입장에서 사회적 지지의 효과를 살펴볼 필요가 있음을 시사하는 것으로, 노인과 사회적 지지제공자를 쌍으로 분석했을 때 사회적 지지의 효과가 명확하게 규명될 것으로 생각된다.

　셋째, 이론적으로 보면, 기능취약과 사회적 지지가 상호 작용하여 노인의 정신건강에 긍정적인 영향이나 부정적인 영향을 미친다는 가설은 기존에 제공받고 있는 사회적 지지의 효과를 강조하는 반면, 사회적 지지가 노인의 기능취약 때문에 증가하며 이 증가한 사회적 지지가 노인의 정신건강에 긍정적인 영향이나 부정적인 영향을 미친다는 가설은 기능취약으로 인한 불편을 해소하기 위해 노인이 사회적 지지를 이끌어 내는 측면을 강조하고 있다. 그러나 노인의 기능취약은 만성적인 스트레스이기 때문에 노인은 기능취약의 문제점을 보완하기 위해 기존의 사회적 지지도 활용하고, 또한 자신에게 필요한 사회적 지지도 활성화시킬 것으로 볼 수 있다. 따라서 기능취약이 노인의 정신건강에 미치는 다양한 효과를 해석할 때 이점에 세심한 주의를 기울여야 할 것이며, 만성적인 스트레스가 아닌 사건적인 스트레스를 측정하는 경우, 사회적 지지의 다양한 효과가 좀 더 분명하게 나타날 것이라고 기대할 수 있다.

　　본 연구에서는 사회적 지지 이론에 입각하여 노인의 기능취약과 정신건강 간의 관계에서 사회적 지지의 효과를 분석함으로, 이론적 수준의 사회적 지지의 효과모델을 경험적 연구에서 분석했다는 의의를 갖는다. 단지 본 연구에서는 Wheaton(1985)의 모델 검증 방정식에 따라 총인과 효과의 증가나 감소를 검증하였으나, 유의도를 통계적으로 검증하지 못한 제한점이 있다. 이를 보완할 수 있는 통계적 분석방법이 발달되기를 기대한다. 또한 본 연구는 노인이 제공받는 사회적 지지를 주로 가족관계 내에서 살펴봤기 때문에, 이 노인들이 자신들의 취약점을 보완하기 위해 외부로부터 제공되는 서비스를 얼마나 활용하고 있는가를 고려하지 못하였다. 노인이 제공받는 사회적 지지는 공적인 측면과 사적인 측면이 독립적으로 그 역할을 하기보다는, 서로 다른 유형의 서비스를 보완적으로 제공하는 형태로 이루어지는 경우가 많은데(박경숙, 2002; Krause, 1990), 본 연구에서는 사회적 지지와 병원이나 기관의 도움을 포함한 공적 부양과의 연계성을 확인하지는 못하였다.

참고문헌

고성희(1990). 한국인의 정신건강개념에 대한 연구, 이화여대 박사학위
　　논문.

김미혜, 이금룡, 정순돌(2000). 노년기 우울증 원인에 대한 경로분석, 한
　　국노년학 20(3), 211 - 226.

김윤정(2007 a). 부양형태에 따른 주부양자의 부양부담차이 및 영향변수
　　에 관한 연구, 한국지역사회 생활학회지, 18(1), 72 - 85.

김윤정(2007 b). 여성독거노인의 건강, 경제상태, 사회적 관계의 지역적
　　차이에 관한 연구, 한국지역사회생활학회지, 18(3), 417 - 431.

김윤정, 최혜경(1993). 치매노인의 장애기간과 부양자의 대처자원이
　　부양자의 부담 및 부양만족감에 미치는 영향, 한국노년학, 13,
　　63 - 83.

김윤정(2000). 사회적지지 관점으로 본 가족부양이 노인의 정신건강에
　　미치는 영향, 이화여자대학교 박사학위논문.

김윤정, 최혜경(2000 a). 사회적 지지로서의 노인부양, 한국노년학 20(1)
　　209 - 223.

김윤정, 최혜경(2000 b). 치매노인 부양자들의 대처방식과 대처효과에
　　대한 지각. 한국노년학 20(2), 183 - 196.

김윤정, 최혜경(2000). 사회적지지로서의 노인부양, 한국노년학 20(1),
　　209 - 223.

김윤정, 최혜경(2001). 가족부양이 장기요양보호노인들의 정신건강에 미치는 영향, 한국노년학 21(2), 99 - 113.

김윤희(1993). 통제위 성격과 자아존중감 및 정신건강상태와의 관계, 중앙의학, 58, 2, 83 - 94.

김태현, 김동배, 김미혜, 이영진, 김애순(1999). 노년기 삶의 질 향상에 관한 연구(Ⅱ), 한국노년학 19(1), 61 - 83.

김효심, 신효식(1995). 노인의 생활만족도에 관한 연구, 한국가정관리학회지 13(3), 66 - 73.

박경숙(1997). 한국과 일본에서 장애노인 가족부양자의 사회적 보호서비스에 대한 이용욕구: 가족부양과 사회적 보호서비스는 대체적 관계인가 보완적 관인가? 한국노년학 22(1), 241 - 260.

박지원(1985). 사회적 지지척도 개발을 위한 일 연구, 연세대 박사학위논문.

배상희(2007). 농어촌 여성독거노인의 사회적 지지 교환정도와 우울간의 관계연구, 한서대학교 석사학위논문.

안기선, 김윤정(2007). 산업체 남성근로자를 위한 은퇴준비 프로그램 개발 및 효과성 평가, 한국가족관계학회지, 12(1), 93 - 118.

이신숙(1997). 노인이 경험하는 긴장상태에 대한 사회적 지원의 완충효과: 노인의 생활만족도를 중심으로, 대한가정학회지 35(4), 199 - 209.

이신숙, 서병숙(1994). 노모와 동별거하는 며느리가 지각하는 부양스트레스의 결정 변인 탐색에 관한 연구, 한국가정관리학회지, 12, 2, 129 - 139.

이영화(1997). 노인의 사회적 지원망과 고독감에 관한 연구, 성신여대 석사학위논문.

조명제, 배제남(1994). 한국이 사회변화와 노인 정신건강, 정신건강연구, 13, 한양대학교 정신건강 연구소, 82 - 96.

주정홍(1998). 여성노인들의 신체활동이 정신건강에 미치는 영향, 충북대학교 석사학위논문.

채수원(1991). 노인의 사회적 지지와 삶의 질에 관한 연구: 일반가정노인과 양로원노인을 대상으로, 충남대 석사학위논문.

최미숙(1993). 고등학생의 자아존중감과 정신건강 간의 관계, 공주대 교육대학원 석사학위논문.

최정혜, 김태현(1992). 노부모가 지각하는 성인자녀와의 결속도 및 갈등에 관한 연구, 한국노년학, 11(2), 212－230.

최혜경, 김윤정(1997). 한국 치매노인 부양상황에서의 스트레스 과정, 한국노년학, 17, 1, 35－50.

최혜경, 문숙재, 정순희, 김은경(1998). 노인부양지표개발연구, 학술진흥재단 1차년도 연구보고서, 미간행.

최혜경, 문숙재, 정순희, 조진명, 김은경(1999). 부양서비스가 노인과 부양자에게 미치는 영향, 한국노년학, 19, 1, 15－30.

통계청(1997). 주요 통계지표 해설.

한경혜(1996). 농촌단독가구 노인의 자녀관계, 한국노년학, 16,(2), 21－38.

한경혜(1998). 만성질환노인 부양체계로서의 가족의 역할: 21세기 변화전망 및 지원책 모색, 한국노년학, 18,1, 46－58.

Antonucci, T. C.(1985). Personal characteristics, social support, and social behavior. In Handbook of aging and the social sciences, eidted by E.

Antonucci, T., & Denper(1982). Social support and informal helping relationships. In T. A. Wills(ed.), Basic processes in helping relationships, 247－254. New York: Academic Press.

Barefoot, J. C.(1993). Age differences in hostility among middle－aged and older adults, *Psychology and Aging*, 8, 1, 3－9.

Barnes, J. A.(1972). Social networks. New York:Addison－Wesley Reprints, 1972.

Belle, D.(1982). The stress of caring: Woman as providers of social support. In I. Goldberg & S. Breznitz(eds.), Handbook of stess: Theoretical and clinical aspects. 496－505, New York: The Free

Press.

Berkman, I. F., & Syme, S. I.(1979). Social network, host resistance and mortality: A nine year follow-up study of Alameda Country residents. *Americal Journal of Epidemiology*, 109, 186-204.

Blazar, D. G.(1982). Social support and mortality in an elderly community population. *Americal Journal of Epidemiology*, 115, 684-694.

Bowling, A., & Browne, P. D.(1991). Social networks, health, and emotional well-being among the oldest old in London, *Journal of Gerontology*, 46, 1, S20-S32.

Caplan, R. D.(1979). Social support, person-environment fit and coping. In L. F. Furman & J. Gordis(eds.), Mental heath and the economy, 89-131.

Cassel. J.(1974). Psychological processes and stress: Theoretical formulations. *International Journal of Health Service*, 4, 471-482.

Chappell, N. L.(1991). Living arrangement and sources of caregiving, *Journal of Gerontology*, 46(1),S1-S8.

Choi, H. K.(1992). The process of caregiving stress among Korean caregivers for elderly. Conel University Graduate School A thesis for doctorate.

Cobb, S.(1976). Social support as a moderator of life stress. *Psychosomatic Medicine*, 38, 5, 300-314.

Cohen, S. & McKay, G.(1984). Social support, stress, and the buffering hypothesis: A theoretical analysis. In A Bau m, J. E. Singer, & S. E. Taylor(eds.), Handbookof psychology and health(vol4), 253-263. Hillsdale, NJ: Lawrence Eribaum Associates.

Cohen, S. & Syme, S. L.(eds.) (1985). Social support and health. New York: Academic Press.

Cohen, S. & Wills, T. A.(1985). Stress, social support, and the buffering hypothesis. *Psychological Bulletin*, 98, 2, 310−357.

Dugan, E., & Kivett, V. R.(1994). The Importance of emotional and social isolation to loneliness among very old rural adults, *The Gerontologist*, 34, 3, 340−346

Dunkel−Schetter, C., & Wortman, C. B.(1982). The interpersonal dynamics of cancer: Problems in social relationships and their impact on the patient. In H. S. Friedman & M, R. Dimatteo(eds.), Interpersonal issues in health care, 69−100. New York: Academic Press.

Ell, K.(1996). Social networks, social support and coping with serious illmess: The family connection, *Social Science Medicine*, 42, 2, 173−183.

Ensel, W. M., & Lin. N.(1991). The life stress paradigm and psychological distress, Journal of Health and Social Behavior, 32, 321−341.

Fiore, J., Becker, J., & Coppel, D. B.(1983). Social network interactions: A buffer or a stress. *Americal Journal of Community Psychology*, 11, 423−439.

Gottlieb, B. H.(1983). Social support strategies, Beverly Hills, CA: Sage.

Hobfoll, S. E., & Stephen(1990). Social support during extreme stress: consequences and intervention. In I. G. Sarason & B. R. Sarason(eds), Social support: Theory, research and application, 391−414. Dordrecht, The Netherlands: Martinus Nijhoff.

House, S.(1981). Work, stress and social support. Reading, MA: Addison Wesley.

House, S., & Kahn, L.(1985). Mesurment and concepts of social support. In S. Cohen and S. L. Syme(eds.), Social support and Health. Orlando, 83−108. Academic Press.

House, S., Robbins, C., & Metzner, H. L.(1982). The association of social relationships and activities with mortality: Prospective evidence from the Tecumseh Community Health Study. *American Journal of Epidemiology,* 116, 123 – 140.

Ingersoll – Dayton, B. Morgan, D., & Antonucci, T.(1997). The effect of positive and negative social exchanges on aging adults. *Journal of Gerontology,* 52B, 4, S190 – 199.

Jacobson, D.(1986). Types and timing of social support, *Journal of Health and Social Behavior,* 273, 250 – 264.

Jette, A. M., Tennstedt, S., & Crawford, S.(1995). How does formal and informal community care affect nursing home use?. *Journal of Gerontology,* 50B(1), S4 – S12.

Johnson, C. L., & Troll, L.(1992). Family function in late life, *Journal of Gerontology,* 47, 2, S66 – S72.

Kahn R. L.(1979). Aging and social support. In M. W. Riley(ed.), Aging from birth to death: Interdisciplinary perspectives, 77 – 91. Boulder, CO: Westview Press.

Kalamazoo, MI: UpJohn Institute for Employment Research.

Kessler, R, C., McLeod, J. D.(1985). Social support and mental health in community samples. In S. Cohen & S. L. Syme(eds.), Social support and health, 219 – 240. New York: Academic Press.

Kim, C. S. & Rhee, K. O.(1999). Living arrangement in old age: View of.

Krahn, G. L.(1993). Conseptualizing social support in families of children with special health needs, *Family Process,* 32, June, 235 – 248.

Krause, N.(1986). Social support, stress, and well – being among older adults. *Journal of Gerontology,* 41, 4, 512 – 519.

Krause, N.(1990). Perceived health problems, formal / informal support, and life satisfaction among older adults, *Journal of Gerontology,* 45, 5, S193 – S205.

Krause, N.(1995). Negative interaction and satisfaction with social support among older adults. *Journal of Gerontology,* 50, 59 – 73.

Krause, N.(1997). Anticipated support, received support, and economic stress among older adults, *Journal of Gerontology,* 52B, 6, 284 – 293.

Krause, N., & Liang, J.(1993). Stem, social support, and psychological distress among Chinese elderly. Journal of Gerontology: Psycholo – gical Science, 48, 282 – 291.

Lin, N.(1986). Modeling the effects of social support. In *Social support, life events, and depression,* edited by N. Lin, A. Dean, and W. Ensel, 173 – 212. Orlando: Academic Press.

Lin, N., & Dean, P.(1984). Social support and depression: Apanel study. *Social Psychiatry* 19: 83 – 91.

Malone J.(1988). The social support dissupport continuum. Journal of Psychological Nursing, 26, 12, 18.

Milardo, R. M.(ed.) (1988). Families and social networks, Beverly Hills: Sage Publication.

Moos, R. H., & Mitchell, R. E.(1982). Social network resources and adaption: A conceptual framework. In T. A. Wills(ed.), *Basic processes in helping relationships,* 213 – 232. New York: Academic Press.

Mueller, D.(1980). Social networks: A promising direction for research on the relationship of the social environmint to psychiatric disorder. *Social Science and Medicine* 14A: 147 – 61.

Newman, S. J., & Struyk, R.(1990). Overwhelming odds: Caregiving and the risk of institutionalization. *Journal of Gerontology,* 45, 5, S173 – 183.

Norbeck, J. S., & Tilden, V. P.(1983). Life stress, social support and emotional disequilibrium in complications of pregnancy: A prospective, multi – variant study. *Journal of Health and Social*

Behavior, 24, 1, 30−45.

Pilisuk, M., & Froland, C.(1978). Kinship, Social Networks, Social support and Health, *Social Science and Medicine*, Vol.12B, 273−80.

Procidano, M., & Heller, K.(1983). Measures of perceived social support from friends and from family: Three validational studies. *American Journal of Community Psychology* 11: 1−24.

Revicki, D. A., & Mitchell, J. P.(1990). Strain, social support, and mental health in rural elderly individuals. *Journal of Gerontology*, 45(6), 267−274.

Robert, B. L., Dunkel, R., & Haug, M.(1994). Physical, Psychological, and social resources as moderators of the relationships of stress to mental health of the very old, *Journal of Gerontology*, 49(1), S35−S43.

Rook, K. S(1984). The negative side of social interaction: Impact on psychological well−being. *Journal of Personality and social Psychology*, 46(5), 1097−1108.

Rook, K. S.(1997). Positive and negative social exchanges: Weighting their effects in later life, *Journal of Gerontology*, 52B, 4, S167−S169.

Sarason, B. R., Sarason, I. G., & Pierce, G. R.(1990). Traditional views of social support and their impact on assessment. In B. R. Sarason, I. G. Sarason, & G. R. Pierce(eds.), *Social support: An interational view.* 9−25. New York: John Wiley & Sons.

Sarason, L. G., Levine, H. M., Basham, R. B., & Sarason, B. R.(1983). Assessing social support: The social support questionnaire. *Journal of Personality and Social Psychology*, 44, 127−139.

Schulz, R., & Rau, M. T.(1985). Social support through the life course. In S. Cohen and S. L. Syme(eds.), *Social support and health*, 129−49. Orlando: Academic press.

Shanas and R. H. Binstock, 94 – 128. New York: Van Nostrand.

Shanas, L. S.(1979). The family as a social support system in old age. *The Gerontologist*, 19(2), 169 – 174.

Social Work, 4, 1, 3 – 17.

Sugisawa, H., Liang, J., & Liu, X.(1994). Social network, social support, and mortality among older people in Japan, *Journal of Gerontology*, 49(1), S3 – S13.

Thoits, P.(1982). Coceptual, methodological and theoretical problems in studying social support as a buffer against life stress. *Journal of Health and Social Behavior*, 23, 145 – 159.

Thoits, P.(1985). Social support processes and psychological well – being: Theoretical possibilities. In I. G. Sarason & B. R. Sarason(eds.), Social support: Theory, research and application, 51 – 72, Dordrecht, The Netherlands: Martinus Nijhoff.

Turner, R. J.(1981). Social support as a contigency in psychological well – being. *Journal of Health and Social Behavior*, 22, 357 – 367.

Vaux, A.(1986). Social and personal factors in loneliness. *Journal of Social and Clinical Psychology*.

Vaux, A.(1988). Social support: Theory, resesarch and intervention. Praeger, New York.

Wellman, B.(1981). Applying network analysis to the study of social support. In B. H. Gottlieb(ed.), *Social network and social support*. Beverly Hills. CA: Sage Publications.

Wethington, E.(1982). *Can social support functions be differentiated: A multivariate model*. Paper presented at the annual meeting of the American Psychological Association, Washington, DC.

Wethington, E., & Kessler,R. C.(1986). Perceived support, received support, and adjustment to stressful life events. *Journal of Health and Social Behavior*, 27, 78 – 89.

Wheaton, B.(1985). Models of the stress−buffering functions of coping resources, *Journal of Health and Social Behavior,* 26, 352−364.

Wilcox, B. L.(1981). Social support in adjusting to marital disruption. In B. H. Gottlieb(ed.), *Social network and social support,* 97−115. Beverly Hills. CA: Sage Publications.

Wills, T. A.(1985). Supportive functions of interpersonal relationships. in S. Cohen & S. L. Syme(eds.), *Social support and health,* 61−82. New York: Academic Press.

Wortman, C. B., & Dunkel−Schetter, C. A.(1979). Interpersonal relationships and cancer: A theoretical analysis. *Journal of Social issues,* 35, 1, 120−155.

Wortman, C. B., & Dunkel−Schetter, C. A.(1987). Conceptual and methodological issues in the study of social support, In A. Baum, & J. E. Singer(eds) Handbook of Psychology and health, 63−108, Lawrence Erlbaum Associates, Hillsdale, NJ.

Wortman, C. B., & Lehman, D. R.(1985). Relations to victims of life crises: Support attempts that fail. In I. G. Sarason & B. R. Sarason(eds.), Social support: Theory, research and application, 463−489, Dordrecht, The Netherlands: Martinus Nijhoff.

· 저자 ·

김윤정　•약　력•

　　2000. 2　　이화여자대학교 문학박사 취득
　　2001. 3~현재 한서대학교 노인복지학과 교수
　　2004. 3~현재 한국가정관리학회, 대한케어복지학회, 대한가정학회 이사

•주요논저•

「부양형태에 따른 부양부담의 차이 및 영향변수에 관한 연구」
「산업체 근로자를 위한 은퇴준비 프로그램 개발 및 효과성 평가」
「여성독거노인의 건강, 경제상태, 사회적관계의 지역적 차이에 관한 연구」
「양로시설노인의 입소동기에 예측변인에 관한 연구」

외 30여편

노년기 사회적 지지와 정신건강

• 초판 인쇄	2008년 2월 29일
• 초판 발행	2008년 2월 29일
• 지 은 이	김윤정
• 펴 낸 이	채종준
• 펴 낸 곳	한국학술정보㈜
	경기도 파주시 교하읍 문발리 513-5
	파주출판문화정보산업단지
	전화　031) 908-3181(대표) · 팩스　031) 908-3189
	홈페이지　http://www.kstudy.com
	e-mail(출판사업부)　publish@kstudy.com
• 등　록	제일산-115호(2000. 6. 19)
• 가　격	19,000원

ISBN　978-89-534-8209-8 93330 (Paper Book)
　　　　978-89-534-8210-4 98330 (e-Book)